KB110541

인공위성

21세기의 눈과 귀

차례
Contents

인공위성에 관한 기본적 지식

　인류의 활동영역이 육지, 바다, 하늘에 이어 우주로 확대되고 있다. 흔히들 21세기를 '우주시대'라 일컫는다. 1957년 10월 러시아(옛 소련)가 세계 최초의 인공위성인 '스푸트니크 1호'를 발사함으로써 우주시대의 서막을 올렸다. 이후 태양계 탐사위성을 통하여 우주의 신비를 풀고 있고 통신·방송위성은 세계를 하나의 영역으로 묶고 있으며, 기상위성은 기상예측을 통해 재산과 인명의 손실을 최소화하는 데 기여하고 있다. 또한 측위/항행위성은 지상 및 영공에 있는 모든 물체의 정밀한 위치 및 시각정보를 제공하고 있어 우리 인류의 일상생활에 중대한 영향을 미치고 있다. 1990~1991년의 페르시아 걸프전쟁은 인공위성을 활용해 전쟁 수행에 요구되는 각종 정보를 신속하고 정확하게 제공함으로써 세계 최초의 '우주전'이라 불렸다. 이제 인공위성은 일상생활에서 그리고 전장에서도 명실상부하게 '21세기의 눈과 귀'의 역할을 수행하고 있다. 한편 2010년까지 건설 예정인 유인우주비행체인 국제우주정거장(ISS)은 인류가 우주로 진출할 수 있는 발판을 제공하고, 우주에 대한 인류의 꿈과 이상을 실현시켜 주는 매개체 역할을 할 것으로 기대된다.

인공위성은 어떻게 도나

위성은 큰 질량을 가지는 물체의 인력(당기는 힘)과 회전에 의한 원심력이 평형을 이루는 원리에 의해 질량이 큰 물체 주위를 도는 질량이 작은 물체를 말한다. 이러한 원리를 이용하여 인간이 어떤 특수한 목적을 위해 지구 주위를 일정한 주기를 갖고 돌게 하는 위성을 인공위성이라 한다. 인공위성은 우주에의 도전을 위해 인류가 개발한 우주비행체라고 할 수 있다. 이러한 우주비행체는 인간이 탑승하는가에 따라 크게 유인 우주비행체와 무인 우주비행체로 나뉜다. 대표적인 유인 우주비행체로는 우주왕복선이 있으며, 대부분의 지구궤도 위성과 행성 간 탐사위성 등은 무인 우주비행체로 분류된다.

인공위성의 비행원리는 간단하다. 예를 들어, 줄에다 돌을 매달고 돌려보면 어느 정도의 속도가 되어야만 돌이 회전운동을 하게 되는 것을 볼 수 있는데, 이것은 잡아당기는 힘과 탈

그림 1. 인공위성의 원리

출하려는 힘이 같게 되기 때문이다. 인공위성을 지구 주위로 회전시키기 위해서는 지구 중력을 극복할 수 있는 충분한 속도가 필요하다. 공기저항을 무시하고 지표면에서 인공위성의 초기회전을 위해서 필요한 이론적인 속도는 약 7.9km/sec로 이를 제1차 우주비행속도라고 하고, 이보다 낮은 속도로 회전할 경우에는 중력의 영향으로 낙하하게 된다. 물론 고도가 높아지면 중력이 감소하기 때문에 위성이 되기 위한 초기속도는 점차 감소하게 된다. 우주비행체를 지구궤도가 아닌 달이나 다른 행성으로 보낼 때의 초기속도는 약 11.2km/sec로, 이를 탈출속도 또는 제2차 우주비행속도라고 한다.

그림 1과 같이 공기의 저항이 없는 높은 산 위에서 공을 수평으로 던졌다고 생각해 보자. 약한 속도로 공을 던지면 중력의 영향으로 공은 지구 표면에 빨리 떨어지지만, 던지는 속도

를 점점 증가시키면 공은 어느 정도의 비행하는 모습을 보이게 된다. 만약 공을 7.9km/sec의 속도로 던진다면 공은 지상에 도달하지 않고 처음 위치로 다시 되돌아오게 되어 지구 주위를 회전하게 된다. 이 속도는 궤도를 만들기에 충분하기 때문에 이는 곧 인공위성의 속도가 된다.

만약 공기의 마찰이 없다면 공은 초기의 속도로 지구주위를 영원히 돌 것이다. 지구는 대기층으로 싸여 있으며 그 밀도는 지구로부터의 거리가 멀어질수록 감소한다. 약 160km의 고도로 올라가면 공기는 거의 존재하지 않고 대기도 사라지게 된다. 이렇게 공기의 저항이 없는 곳을 '우주'라 정의한다.

일반적으로 인공위성은 공기가 없는 우주에서 비행하도록 설계된다. 지구의 공기밀도가 높은 곳에서 비행을 하게 되면 공기의 마찰에 의해 인공위성이 자꾸 지구로 떨어지기 때문이다. 공기저항은 고도의 증가와 함께 기하급수적으로 감소하다가 약 500km 이상의 고도에서는 거의 사라진다. 특별한 경우를 제외하고 인공위성을 고도 500km 이상에 위치시키는 것은 바로 이러한 공기저항에 의한 고도저하에 따른 위성의 연료소모를 줄이기 위함이다.

인공위성은 어떻게 시작되었나?

1945년 영국의 아서 클라크(Arthur Clarke)는 『무선세계 *Wireless World*』라는 잡지에 24시간 주기의 궤도를 갖는 유인 위성네트워크에 관한 논문을 발표하였다. 24시간은 지구의 자전 주기로, 인공위성이 지구의 자전과 동일한 속도로 움직이면 지구의 한 지점에서 보았을 때 인공위성은 계속 정지해 있는 것처럼 보인다. 그래서 이 궤도를 정지궤도 또는 클라크 궤도(Clarke orbit)라고 부른다. 그는 또한 3개의 정지궤도위성으로 전 세계를 커버할 수 있다는 것을 알아내었다. 클라크의 이론은 당시에는 실현되지 못하다가 1957년 위성시대가 열리면서 구현되기 시작하였다.

1957년 10월 4일, 옛 소련(러시아)은 세계 최초의 인공위성인 스푸트니크 1호(Sputnik 1, 그림 2)를 지구 저궤도에 올려놓아 전 세계를 깜짝 놀라게 했다. 스푸트니크 1호의 발사는 우주시대의 서막을 열었고 미·소 두 강대국의 우주경쟁에 기폭제가 되었다. 옛 소련의 인공위성 발사 성공은 미국이 옛 소련에게 우주개발에서 선두를 빼앗김은 물론 살상무기인 대륙간탄도미사일의 개발경쟁에서도 뒤처짐을 의미하는 것이었다.

그림 2. 스푸트니크 1호

스푸트니크 1호는 직경 0.58m, 질량 83.6kg의 알루미늄 구형 위성으로 간단한 라디오 전송기를 장착하여 31.5MHz 무선 신호를 방송하였다. 또한 고도 900km의 저궤도에서 24시간 동안 지구둘레를 무려 16번이나 회전하였다. 옛 소련은 약 2개월 후인 12월 3일, 스푸트니크 2호 위성에 라이카라는 개를 탑승시켜 최초로 생명체를 지구궤도에 올려놓는 개가를 이루었다. 생명체에 미치는 발사환경 및 미세 중력에 의한 영향을 최소화한 이 비행은 인간의 우주비행에 대한 가능성을 증명하게 되었다.

미국의 첫 번째 인공위성인 익스플로러 1호(Explorer 1, 그림 3)는 스푸트니크 1호가 발사된 지 거의 4개월 만인 1958년 1월 31일에 주피터(Jupiter)-C 발사체에 의해 발사되었다. 길이 1.2m, 직경 20.3cm, 무게가 14.6kg인 극소형 인공위성인 익스플로러 1호는 스푸트니크 1호보다 훨씬 높은 2,460km의 원지점고도에서 지구자기장 내에 강력한 복사대가 형성되어 있음을 발견하였다. 이것이 밴 앨런 복사대(Van Allen radiation belts)이다.

옛 소련은 1957년 스푸트니크 1호부터 1961년 4월의 스푸트니크 10호에 이르기까지 일련의 위성을 계속 발사하면서 60년대 중반까지 우주개발의 선두를 지키고 있었다. 한편 미국은 1958년과 1975년 사이에 55기의 익스플로러 위성을 발사하였고, 1977년과 1984년 사이에는 익스플로러 계열의 인공위성 10기를 발사하였다.

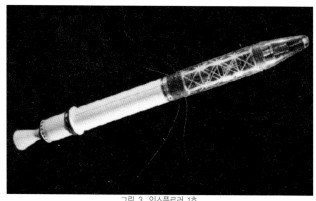

그림 3. 익스플로러 1호

　1960년대 초 미국과 옛 소련의 관계는 정치적으로 최악의
위기를 맞고 있었다. 정치적으로 궁지에 몰린 케네디 대통령
은 우주경쟁의 기반 위에서 정치적인 반전과 미국민의 자존심
을 회복하기 위해 1961년 5월 "1960년대 안에 인간을 달에
착륙시키고 다시 귀환시키겠다"는 야심찬 계획을 발표하고 즉
시 실행에 들어갔다. 이 유인 달 착륙 프로젝트는 '아폴로 계
획'으로 명명되었다. 미 항공우주국(NASA)은 가용한 모든 인
력 및 예산을 충분하게 지원 받으며 개발에 박차를 가했는데,
9년간 250억 달러라는 천문학적인 비용이 소요되었다. 1969
년 7월 21일 드디어 아폴로 11호 우주선은 달 표면에 착륙하
여 우주비행사 닐 암스트롱이 첫발을 내딛는 인류 역사상의
대업을 이루었다. 1972년 12월 가장 긴 달 착륙 비행인 22시
간의 비행기록을 남긴 아폴로 17호까지 미국은 6차례의 달 탐

사에 나서 큰 성과를 거두었다.

1970년대 들어 군사경쟁 차원에서의 우주비행체 개발은 계속되고 있었지만, 미국과 옛 소련은 과학기술 차원에서의 우주개발 경쟁을 종료하고 우주협력의 장을 열어가기 시작했다. 1975년 7월 지구궤도에서 미국의 아폴로 18호와 러시아의 소유즈 19호가 도킹에 성공하여 공동실험을 수행하였다. 그러나 계속되는 달 착륙의 성공에도 불구하고 전반적인 관심이 시들해지면서 미국의 우주개발 비용도 급격하게 줄어들었다. 한편 옛 소련은 본격적인 우주여행을 실현시키기 위한 우주정거장 개발에 새롭게 눈을 돌려 1971년 '살루트'와 1986년 '미르'를 발사하여 1999년까지 우주에 체류하면서 각종 우주 관련 실험을 수행하였다. 미국은 1981년에 최초의 재생용 우주왕복선인 콜롬비아호를 발사한 이래 1986년과 2003년에 두 차례의 실패가 있었지만 현재까지 100여 회 이상 발사해 오고 있다.

1970년대까지는 세계의 우주산업이 전적으로 정부수요에 의해 발전해 왔으나, 1980년대부터는 상업용 통신 및 방송 분야의 발전에 따른 통신위성과 발사체 산업의 성장이 우주산업의 상업화를 촉진시켰다. 1985년 미국은 '열린 우주(open skies)'정책을 추진하여 규제를 완화하고 위성기술 및 하드웨어 수출을 포함한 통신위성 분야의 상업화를 적극 추진하였다. 이러한 자유화 정책을 통해 새로운 위성산업시장이 형성되기 시작하였고, 이어 1988년에는 '우주상업화 정책'을 발표하여 민간부문의 참여를 더욱 촉진시켰다.

그러나 1990년대 이후 미국은 러시아의 냉전체제 종식과 함께 경쟁상대의 상실로 군수 및 비 군수를 포함한 전 분야에 대해 우주관련 예산의 대폭적인 삭감이 이루어졌다. 상대적으로 민간 정보통신의 발전에 따른 민간 상업화가 급속히 진행되어 저궤도 위성이동통신사업, 항행위성 및 지구관측위성 분야에서 괄목할 만한 발전을 이루게 되었다.

인공위성의 구성

일반적으로 우주에 떠 있는 위성만이 인공위성시스템이라 생각하기 쉽지만 인공위성 한 기를 유지하기 위해서는 여러 가지의 주변시스템이 있어야 한다. 위성 시스템의 구성은 그림 4에서 보는 바와 같이 실제 우주에 떠서 위성을 구성하고

그림 4. 탑재체별 위성의 종류

있는 위성체, 이러한 위성과 통신을 수행함으로써 관제를 수행하는 지상국, 이러한 위성을 목적한 임무궤도까지 올려주는 발사체 등으로 나뉜다.

위성시스템은 실제 인공위성을 구성하는 요소로 본체와 탑재체로 구성되며, 본체는 실질적인 임무를 수행하는 탑재체를 지원하는 몇몇의 서브시스템과 부품으로 구성된다. 위성체를 구성요소별로 분할하는 것은 공학상의 편의를 위해 필요하며, 설계와 제작이 조직적으로 관리되기 위해서도 필요하다.

탑재체는 통신방송, 지구관측, 기상, 항행 및 측위, 우주과학 연구 등과 같은 임무를 수행한다. 위성본체시스템은 초기 발사에서부터 임무수행의 마지막에 이르기까지 매우 중요한 역할을 한다. 임무 탑재체나 장비를 외부환경으로부터 보호해 주고 기계적인 지지를 해주는 구조시스템, 요구되는 궤도 및 자세를 유지 및 제어해 주는 자세제어시스템, 극단적인 온도 변화를 보여주는 우주에서 시스템과 부품이 원활하게 작동하도록 열을 적절히 제어해 주는 열제어시스템, 궤도 및 자세를 제어해 주는 추진시스템, 적절한 전력을 공급해 주는 전력시스템, 그리고 지상국과의 명령 및 정보 교환 등이 서로 적절히 수행되도록 하여 탑재체가 목표임무를 성공적으로 수행할 수 있게 한다.

지상국시스템은 우주에 위치하는 위성과 통신을 수행하는 지구표면에 있는 장비 및 소프트웨어를 의미한다. 지상국은 대개 안테나, 전력증폭기, 저소음수신기, 그리고 감시 및 시험

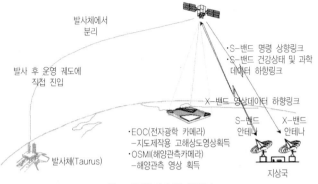

발사체에서
분리

·S-밴드 명령 상향링크
·S-밴드 건강상태 및 과학
데이터 하향링크

발사 후 운영 궤도에
직접 진입

X-밴드 영상데이터 하향링크

S-밴드   X-밴드
안테나   안테나

·EOC(전자광학 카메라)
 -지도제작용 고해상도영상획득
·OSMI(해양관측카메라)
 -해양관측 영상 획득

발사체(Taurus)

지상국

그림 5. 아리랑 위성 1호 구성요소

을 수행하는 기지라 할 수 있다. 지상국에는 인공위성을 원격
으로 통제하거나 추적하는 장비가 설치되어 있다.

발사체시스템은 위성을 목적하는 궤도까지 올려 주는 운반
체이기 때문에 궤도진입을 위한 최소요구속도를 얻는 것이 대
단히 중요하다. 가장 적당한 발사체는 위성체 질량이나 전체
임무 소요비용과 같은 여러 요소에 의하여 선정된다.

그림 5는 미국의 위성발사체인 토러스(Taurus)를 이용하여
우리나라 위성인 아리랑위성 1호가 발사되어 임무궤도에 진입
한 후 지상국과 송수신하는 것을 나타낸 것이다. 인공위성에서
지상국으로 전파를 보내는 것은 하향링크(down-link), 지상국에
서 위성으로 전파를 보내는 것은 상향링크(up-link)라 한다. 아
리랑위성 1호의 경우 S밴드와 X밴드의 하향링크, S밴드의 상
향링크를 가지고 있다. 이중 X밴드 하향링크는 고해상도 전자
광학카메라의 영상데이터를 지상국으로 송신하는 데 이용된다.

위성 본체 시스템의 구성

그림 6은 위성시스템의 분류를 보여준다. 인공위성은 위에서 언급했듯이 위성체, 지상국, 발사체로 시스템이 구성된다. 위성체는 탑재체와 본체(버스)로 구성되고 본체는 다시 구조계, 열제어계, 전력계, 자세제어계, 원격계측 및 명령계, 추진계의 서브시스템으로 나뉜다. 각 서브시스템은 위성의 기능 및 요구조건에 따라 여러 개의 부품 또는 모듈로 구성되어 있다. 예를 들어 자세제어계는 자이로(gyro), 반작용 휠(reaction wheel) 또는 모멘텀 휠, 자기 토커, 추력기 및 태양센서, 지구센서, 자장계 또는 별센서 등의 각종 센서(sensor)로 구성되는 서브시스템이다.

위성의 구조물은 실제 위성의 뼈대와 같은 역할을 하는 것으로서 탑재체와 본체시스템에 안정적이고 강력한 플랫폼(platforms)과 패널(panels)을 제공할 수 있도록 설계한다. 이러한 플

그림 6. 위성시스템의 분류 도표

랫폼과 패널은 부품을 내부 및 외부에 장착할 수 있도록 공간을 제공하고, 특히 발사체와 접속하여 발사하중을 견디도록 한다. 이것은 강도(strength) 및 강성(stiffness)을 제공하여 다양한 임무를 수행하는 동안 가해지는 강력한 기계적 응력을 견딜 수 있게 한다. 인공위성의 구조에는 다양한 재질이 사용되어 왔지만, 가볍고 내구성이 좋은 유리나 탄소 강화 섬유 또는 에폭시-그레파이트(epoxy-graphite) 복합재료와 결합된 알루미늄 하니콤 구조가 점차 일반화되고 있다.

위성의 열제어는 모든 서브시스템 및 부품의 적절한 성능 발휘를 위해 반드시 필요하다. 고온에 의한 열응력은 태양 때문에 발생하고 저온에 의한 열응력은 태양빛이 비추지 않는 동안에 일어난다. 위성에 탑재된 장치들을 보호하기 위해 일반적으로 능동 열제어방식과 수동 열제어방식을 사용한다. 능동방식은 히터, 열 파이프 또는 루버(louver)와 같이 보통 전원을 필요로 하거나 기기 내부에 움직이는 부품이 있는 방식이고, 열차폐막, 열 담요, 그리고 코팅/페인팅과 같은 것은 수동방식에 속한다. 결국 열제어시스템의 역할은 위성이 최적의 상황에서 성능을 발휘하도록 온도를 조절하는 것이다.

위성의 열환경은 태양과 지구로부터의 복사량의 크기 및 분포에 따라 결정된다. 궤도에서 위성의 전체 열제어는 주위 환경으로부터 흡수하는 에너지와 위성의 내부부품에서 발생하는 열소산 에너지의 균형에 의해 얻어진다. 궤도에서의 열환경은 직접적인 태양에너지, 지구반사에너지(이를 알베도

(Albedo)라 한다) 및 지구복사적외선에너지 등이 있다.

자세 및 궤도제어시스템은 궤도에서 위성체의 자세 및 궤도에 영향을 미치는 교란요소에 대해 임무수행 중 원하는 방향으로 위성체를 지향시키며 안정화한다. 외부교란에 의해 발생하는 자세오차를 감지하기 위해서는 각종 센서들을 사용하는데, 정확도의 요구조건에 따라 고도의 장치와 기술을 사용한다. 예를 들어 수초 단위의 각 정밀도를 얻기 위해 자이로스코프, 별센서, 별스캐너 등과 같은 고도의 장치와 컴퓨터가 탑재된다. 위성안정화는 위성 자체 또는 위성체 내의 질량을 회전시켜 회전 강성(gyroscopic stiffness)을 얻음으로써 실현된다.

안정화방식으로는 가장 일반적인 3축 안정화방식, 회전 안정화방식, 중력구배 안정화방식, 자기 안정화방식 등이 있다. 3축 안정화방식은 반응정도가 너무 빠르고 값이 비싸다는 단점이 있으나 정확하고 빠른 제어가 가능하므로 가장 널리 사용된다. 회전 안정화방식은 안테나, 센서, 태양전지판을 원하는 방향으로 지향할 수 없다는 단점 때문에 잘 사용되지 않고 있으며, 중력구배는 방향의 제한성과 약 1도 정도의 흔들림이 있다는 단점이 있다.

위성의 자세는 여러 센서를 이용하여 측정된다. 이때 사용되는 센서로는 지구/수평센서, 태양센서, 별센서, 자장계, 자이로스코프/가속도 감지기 등이 있다.

구동기는 위성을 원하는 자세로 돌아오게 하거나 유지시키도록 자세를 수정하는 데 이용된다. 구동기에는 모멘텀 휠, 반작용 휠, 자기 토커, 반작용제어 엔진, 가스제트, 감쇄기 등이 있다. 자세감지기에 의해 자세가 감지되고, 자세제어 전자장비에 의해 그 측정된 값이 원하는 값과 차이가 있는지를 조사한 후 차이가 있을 때 구동기가 움직여서 그 에러를 보정하는 것이다.

위성은 1년 365일, 하루 24시간 내내 계속되는 전력공급원을 가져야 한다. 현재 대부분의 위성에 장착되는 주 전력원은 태양전지 및 고성능 배터리이다. 태양전지는 가벼우면서도 태양에너지로부터 전기에너지로 변환시키는 변환효율이 날로 향상되고 있다. 3축 안정화위성의 경우 태양전지판이 궤도에서 아코디언처럼 펼쳐지는 데 반해, 회전 안정화위성의 경우는 통상 위성본체의 외부에 직접 부착되어 있다. 식(eclipse)기간 동안이나 필요전력이 태양전지판에 의해 공급되는 전력용량을 벗어나는 경우에는 배터리전력을 공급한다. 배터리는 태양빛이 입사되는 동안 태양전지셀 전력에 의해 충전된다. 전력의 제어, 조절 및 분배장치들은 모든 전기시스템의 요구조건에 맞는 적절한 양의 전력을 적절히 분배할 수 있도록 장착되어야 한다.

추진계는 궤도상에서 위성의 위치유지, 궤도전이 및 자세제어용 추력 및 토크(일정 시간 동안 작용하는 힘)를 제공한다. 우주추진시스템의 종류에는 열추진, 전기추진, 원자력추진이 있고, 열추진에는 화학적 반응에 의한 추진과 태양열에 의한 추진방식이 있다. 일반적으로 로켓은 화학적 반응에 의해 열을 발생시켜서 추력을 얻는 시스템을 말한다.

이것은 다시 고체추진제와 액체추진제로 나뉜다. 위성추진계에 대한 일반적인 요구조건은 고성능, 가벼운 질량, 저가의 시스템 가격 등이고, 종류에는 냉가스, 단일 추진제시스템, 이원 추진제시스템, 이중모드 추진제시스템 등이 있다. 냉가스 시스템은 1962년에 개발된 것으로 냉가스로 추력을 얻는다. 단일 추진제시스템은 별도의 산화제 없이 하이드라진과 같은 단일추진제를 사용하는 추진시스템이고, 이원 추진제시스템은 연료와 산화제를 혼합 반응시켜 추진력을 얻는다. 미국 록히드-마틴사의 특허시스템인 이중모드 추진제시스템은 단일추진제 추력기 또는 전기추력기와 액체원지점엔진을 사용하는 추진시스템이다.

원격계측, 추적 및 명령시스템은 지구의 지상국과 데이터를 연속적으로 주고받을 수 있게 하고, 지상의 제어국이 위성을 추적하여 위성의 건강상태를 감시하는 데 필요하다. 또 중계기(transponder)의 송수신전환과 여타의 장치 사이의 변환 등과 같은 다양한 일을 수행하도록 명령을 보낼 수 있게 한다. 데이터조절 부분은 서브시스템으로부터 데이터를 받아 암호로 바꾼 다음에 이들을 다시 지상국으로 전송한다. 또한 추적은 명령링크를 통하여 보낸 후 원격계측 전송기에 의해 반송되는 범위신호(ranging signal)에 의해서 지상국안테나에서 수행된다. 추적기능은 위성의 위치를 결정하는데, 이 정보는 다음 궤도 운용과 지상국을 위한 좌표데이터를 계산해 준다. 뿐만 아니라 추적기능은 지상으로부터의 원격명령을 수신해서 위성 내에 분배하며, 위성의 상태를 지상으로 전송한다.

인공위성과 인간의 유사 기능

　　인공위성은 인간이 갈 수 없는 우주 속에 인간을 대신해서 보내지는 우주로봇과 같다. 따라서 인간의 감정과 어느 정도의 추리능력까지도 전달할 수 있는 가장 복잡한 로봇이라 할 수 있다. 이 장에서 이러한 인공위성과 인간이 얼마만큼 유사한지 토성 탐사위성인 카시니를 예로 들어 알아보자(그림 7).

구조계 – 인간의 뼈대

　　우주비행체의 기본적인 구조물은 인체의 뼈대 역할을 한다. 따라서 구조계의 가장 중요한 임무는 발사환경과 거친 우주환경을 견디며, 위성 내부에 장착된 장비들을 유지하고 지탱하

19

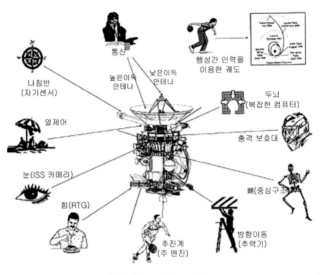

그림 7. 인공위성과 인간의 유사성

는 것이다. 또한 이러한 중심구조물은 강하면서도 가능한 한 위성의 무게를 감소시킬 수 있도록 설계되어야 한다. 토성 탐사위성인 카시니의 경우도 중심구조는 가볍지만 강도가 강한 알루미늄 재질로 되어 있다.

열 제어계 - 옷, 냉·난방기구, 피부, 충격 보호대

36.5℃의 체온을 가진 인간은 온도변화에 민감하게 대처하는 요령을 가지고 있다. 온도가 내려갔을 때는 옷을 더 입거나 난방기구를 사용하여 체온을 유지하고, 온도가 올라갔을 때는

가벼운 옷차림과 냉방기구를 이용하여 몸의 열을 밖으로 방출한다. 위성체에서 냉·난방기구의 역할을 하는 것이 열제어계이다. 우주환경에서는 지구에서보다 더 극심한 온도변화가 일어나기 때문에 위성체에서의 열제어 문제는 매우 중요하다. 예를 들어 카시니가 금성을 지나갈 때는 지구에서보다 3배나 더 뜨겁지만, 반대로 토성 근처를 지날 때는 지구에서보다 거의 100배나 차가워진다. 이러한 온도의 극심한 변화에 대응하기 위해 위성체는 열 담요나 전기히터, 방열기 등을 사용하여 지구에서의 온도와 비슷한 온도를 유지하도록 한다. 위성체의 온도조절은 임무를 성공시키기 위한 가장 중요한 공학적인 문제 중의 하나이다.

인간의 피부는 여러 겹의 표피층으로 되어 있다. 이것은 외부환경으로부터 내부를 보호하는 역할과 함께 체온을 유지시켜 주는 역할을 한다. 위성체에서 이러한 역할을 하는 것이 바로 열 담요이다. 우주에는 모래알갱이보다 더 작은 매우 미세한 운석들이 떠돌아다닌다. 비록 미세한 입자들이지만 속도가 5km/sec에서 40km/sec나 되기 때문에 민감한 장비들에는 큰 위협을 줄 수 있다. 그러나 이러한 미세운석들의 위협도 얇은 알루미늄을 여러 겹 겹쳐 놓은 열 담요로 보호할 수 있다. 즉, 사람의 피부와 같이 열 담요는 온도의 변화뿐 아니라 외부입자와의 충돌로부터 위성체를 보호하는 역할을 하는 것이다.

전력계 - 힘, 에너지

인간이 활동을 하기 위해 음식물을 섭취함으로써 에너지를 얻는 것처럼, 위성체의 경우에는 전력계가 태양복사열을 일차적인 에너지원으로 하여 에너지를 공급한다. 대부분의 위성이 임무를 수행하기 위해 태양전지판을 이용하는데, 태양전지판의 셀들은 태양에너지를 전기에너지로 변환하여 위성체에 요구되는 전력을 공급한다. 그러나 심(深)우주 탐색임무를 지닌 행성 탐사위성의 경우는 그것이 불가능하다. 카시니의 경우, 토성에 도착할 때쯤이면 지구에서보다 10배가 멀어지고 태양에너지는 거리의 제곱비로 줄어들기 때문에 100분의 1이 된다. 일례로 목성은 태양으로부터의 거리가 화성보다 3.4배 멀므로 목성의 태양복사량은 화성에서의 그것보다 약 10분의 1로 줄어들어, 목성보다 더 먼 곳에서는 다른 에너지원을 사용해야만 한다. 카시니는 거의 11년 동안 우주에 머물게 되기 때문에 그 기간 동안 태양에너지 대신 방사선 원소인 플루토늄의 자연소멸에 의한 열에너지를 전기에너지로 바꾸어 전력을 생산할 수 있는 '방사선 동위원소 열전발생기'를 사용한다.

자세 및 궤도제어계 - 나침반

인간이 어떤 일을 수행하고자 할 때나 움직일 때는 자신의 위치와 방향을 알고 있어야 한다. 위성체도 우주에서 적당한

때에 지시된 목표물에 센서를 위치시켜야 하기 때문에 스스로 위치와 자세, 동작을 제어할 수 있어야 한다. '궤도'는 위성체가 움직이는 길이고 '자세'는 우주에서 위성체 자체의 방향을 의미하며, '동작'은 안테나, 로켓엔진, 움직이는 기구 등의 임무를 수행하기 위해 작동하는 것을 뜻한다. 자세를 제어하기 위해 위성체는 탑재된 컴퓨터에 포함된 천체지도를 관측된 별지도와 비교하거나 태양 또는 지구와의 상대적 위치를 비교함으로써 스스로의 위치를 결정한다. 이는 배, 비행기, 미사일 등에 사용되는 것보다 조금 복잡하지만 거의 같다. 카시니의 경우, 관성기준좌표계는 회전자이로스코프와 같이 움직이는 부분을 포함하고 있지 않다. 대신에 각각 고주파수에 진동하는 감겨진 광섬유를 가진 세 개의 반구공명자이로스코프(HRG: Hemispherical Resonant Gyroscopes)를 사용하고 있어, 만약 위성체가 가볍게 회전한다면 그것의 진동축을 매우 정밀하게 측정할 수 있다.

만약 위성체의 위치를 새롭게 바꾸고자 할 때는 작은 추력기를 사용하든가 세 개의 반작용 휠의 속도를 조절한다. 추력기와 반작용 휠을 이용하여 위성체의 정확한 자세를 유지할 수 있기 때문이다. 물론 이러한 활동은 위성체 컴퓨터에 전기적인 반응을 주어, 움직임을 작동하고 멈출 때를 조절할 수 있다. 이것은 인간이 움직일 때 눈·귀·감각으로부터 뇌에 전달되어 움직이는 과정과 거의 유사하다.

추진계 – 활동

　인간이 활동하기 위해서는 에너지를 운동으로 바꾸어야만 한다. 인간은 음식과 물로 신진대사를 하면서 에너지를 조절된 근육활동으로 바꾼다. 카시니의 경우는 이러한 일을 추진 시스템에서 담당한다. 위성체는 속도와 진로를 바꾸기 위해 사용되는 주 로켓엔진의 추진제를 약 3,000kg 정도 운반하는데, 1초당 약 2km의 전체 속도변화가 가능하다. 뿐만 아니라 카시니는 금성에 의해 2번, 지구와 목성에 의해 각각 1번, 토성의 위성인 타이탄에 의한 6번의 중력도움(gravity assist)으로 속도를 얻게 된다. 이러한 행성 간 플라이바이(flyby)는 주 엔진에 의해 제공되는 추진력의 12배에 해당된다.

컴퓨터 – 두뇌

　위성체 컴퓨터는 인간의 신체 중 가장 복잡한 부분인 두뇌의 역할을 한다. 인간의 두뇌는 의식 있는 결정뿐만 아니라, 숨쉬기와 같은 직접적인 활동을 하며 활동체계로 외부의 위협으로부터 자신의 신체를 유지한다. 위성체 컴퓨터는 인간의 두뇌의 역할은 하지만 의식을 가지고 있지 않기 때문에 인간이 내린 명령에 따라 움직인다. 그러나 이러한 명령은 시간에 의해 제약을 받는다. 토성과 같은 경우는 지구에서 15억 km나 떨어져 있기 때문에 통신이 매우 먼 거리에서 발생하게 된다. 따라서 카시니에 탑재된 컴퓨터에서 긴급한 신호가 지구까지 도달하는 데는 한 시간 반이 걸리고, 지구국에서 응답하기 위해 걸리는 시간 역시 한 시간 반이기 때문에 탑재된 컴퓨터는 긴급상황에 즉시 자동적으로 대처할 수 있는 능력을 가지고 있어야 한다. 이러한 문제를 해결하기 위해 일 주일에 한 번씩 명령이 내려지고 그것은 탑재된 컴퓨터에 저장되었다가 적당한 시간에 실행된다. 카시니 컴퓨터는 자체적인 보호 프로그램을 가지고 있어, 문제가 발생하여 지구국에서 그것을 진단할 수 있을 때까지 부분적인 혹은 모든 위성체의 장치들을 안전모드로 전환하는 기능을 가지고 있다.

안테나 - 통신

위성과 통신을 할 수 없다면 모든 임무수행은 불가능하고 우리도 어떠한 과학적인 데이터도 받을 수 없을 것이다. 이러한 통신을 가능하게 하는 것이 안테나이다. 통신링크는 명령을 받거나 지구에 데이터들을 돌려 송신하는 위성체의 능력으로, 높은 이득안테나(high gain antenna)와 두 개의 낮은 이득안테나(low gain antenna)를 사용한다. 높은 이득안테나는 낮은 이득안테나보다 더 높은 데이터 비율로 송·수신이 가능하고, 낮은 이득안테나는 높은 이득안테나가 지구를 벗어났을 때나 문제가 발생했을 때 대신 사용된다. 미 항공우주국의 심우주 네트워크의 거대한 추적안테나는 위성체를 추적할 뿐만 아니라 임무를 주고받는 통신 역할도 한다. 이것은 우리가 수백만 마일 떨어진 곳에 속삭이거나 상대의 말을 듣고 이해하는 것과 유사하다. 전파신호로 이것을 수행하기 위해서는 축구장만 한 반사안테나가 필요하다.

영상과학시스템과 분광기 – 눈

위성체의 '눈'에 해당하는 영상과학시스템은 가시광선영역뿐 아니라 전자기스펙트럼의 자외선과 적외선영역의 사진도 찍을 수 있다. 영상과학시스템은 좁은 범위와 넓은 범위를 관찰하는 두 개의 CCD(Charge-Coupled Device: 전하결합소자)를 가지고 있다. 카시니 카메라의 해상도는 1km 떨어진 곳에서도 신문의 제목을 읽을 정도로 높다.

가시광선 및 적외선분광기는 빛을 모으는 광학 감각기구를 사용하는데, 그것은 우리의 눈과 두뇌가 할 수 없는 활동을 가능하게 해준다. 분광기는 파장으로 빛을 분산시켜 파의 크기를 측정하고, 빛을 발산하는 물체의 구성성분에 대한 데이터를 보내준다.

인공위성은 첨단 기술의 결정체?

특정임무의 수행을 위해 우주궤도를 돌고 있는 위성은 일반적으로 최첨단 기술의 집약체로 알려져 있지만, 위성에 사용되는 모든 서브시스템이나 부품이 최첨단의 기술을 갖고 있는 것은 아니다. 위성은 지상에서 사용되는 제품들과는 달리 일단 우주로 발사되고 나면 문제가 발생해도 수리나 정비가 거의 불가능하기 때문에 신뢰성을 최우선시하여 제작된다. 물론 예외적으로 개발비용이 15억 달러나 소요된 허블우주망원경(Hubble space telescope)과 같은 고가의 위성은 1990년 발사 후 운용 중에 고장이 생기기도 하여, 세 차례에 걸쳐 우주왕복선 을 발사하여 저궤도의 우주공간에서 수리를 한 후 본래의 궤도로 다시 보내어 임무를 수행하게 한 바도 있다.

일반적으로 위성에 사용되는 부품을 선정할 때에는 과거에 다른 위성에 여러 번 사용된 제품을 선호하게 된다. 즉, 첨단기술이 아니더라도 헤리티지(heritage)가 있는 부품을 사용함으로써 시스템실패의 가능성을 최소화한다. 그러나 위성부품의 기능이나 성능검증을 위해 발사하는 위성은 최첨단의 기술을 시험하기 위해 어느 정도의 위험을 감수하면서라도 새로운 기술의 제품을 위성에 탑재하는 경우도 있다.

어쨌든 위성을 설계할 때에는 우주에서의 방사능환경, 발사 중의 진동환경 및 극악한 온도차 등과 같은 우주환경에 견딜 수 있는 높은 신뢰도를 가지는 부품을 사용해야 한다. 또한 대부분의 부품에 대해서는 1:1 예비구성을 통한 잉여부품을 장착하여 만약의 사태에 대비하여야 한다. 보통 운용중인 인공위성에 문제가 발생할 경우에는 지상국을 이용한 회복시도가 유일한 방법인데, 이것이 여의치 않을 경우에는 위성의 실패로 이어지고 이는 다시 비용문제로 직결되기 때문이다.

위성제작에 사용되는 각종 부품들은 동일한 성능을 가진 일반상용규격부품에 비해 그 가격이 수십 배에서 수백 배에 이른다. 로켓발사 시의 엄청난 충격은 물론 방사능, 극한온도, 무중력, 고진공 등의 우주환경에 견딜 수 있는 부품을 생산하기 위해서는 많은 종류의 시험을 통과해야만 하며 그에 따른 막대한 시험비용이 요구되기 때문에 우주용 부품은 가격이 비싸질 수밖에 없는 것이다. 하루가 멀다 하고 쏟아져 나오는 최첨단기술과 그 기술이 적용된 상용 규격부품들을 인공위성에 사용할 수 있다면 인공위성 제작기술 및 성능이 빠르게 향상되겠지만, 조그만 부품에서 발생하는 장애로 인하여 수년 간의 개발기간과 수천 억 원의 개발비용이 한순간에 물거품이 될 수도 있기 때문에 인공위성용 부품선정 시에는 첨단여부보다 우주용 인증여부 및 다른 위성에서 이미 사용되어 그 신뢰성이 검증되었는지의 여부가 중요한 판단기준이 된다.

한 예로 최근까지도 많은 인공위성에서는 우주환경에서 검증된 컴퓨터칩인 186계열의 마이크로 프로세서를 사용해 왔다. 해상도 1m급의 고정밀 위성인 아리랑위성 2호(2006년 발사 예정)는 컴퓨터의 저장능력과 속도를 고려해 386프로세서를 탑재했다. 그러나 386계열의 프로세서도 일반컴퓨터 시장에서는 이미 오래 전에 사라진 제품이고, 특히 우주환경에 견딜 수 있는 프로세서를 찾기 위해서는 많은 시간과 비용을 지불해야 했다.

지난 40년 동안 다양한 종류의 인공위성에 사용되는 추진 시스템이 개발되어 왔는데, 최근에 많이 채용되고 있는 전기 추진시스템은 단위추력을 내는 데 요구되는 추진제량(비추력이라 불림)이나 무게 등의 성능 면에서는 대단히 우수하나, 아직 신뢰성에서는 상당한 문제점을 가지고 있다. 따라서 많은 사용자는 성능은 뒤처지지만 상대적으로 40년 이상의 사용실적과 신뢰성을 확보하고 있는 단일 추진제시스템을 선호하여 아직도 여러 위성에서 이 기술을 채용하고 있다.

　최근 들어 부품제작기술의 발전과 더불어 일반상용규격부품이 높은 신뢰성을 갖게 되면서 이들 부품을 인공위성 제작에 사용하려는 움직임이 증가하고 있다. 인공위성에 상용첨단부품을 활용하면 할수록 위성을 더 작게 만들 수 있고 경량화를 통해 동일한 발사체로 인공위성에 더 많은 탑재체를 탑재하여 발사할 수 있을 뿐만 아니라 개발비용도 절감하여 위성산업에 큰 이득을 가져다 줄 수 있기 때문이다.

　결국 인공위성은 고방사능, 극한온도 등과 같은 우주환경에 적응할 수 있는 첨단기술과 더불어 신뢰도 높은 과거의 기술을 복합적으로 사용한다고 볼 수 있다. 인공위성 제작에 있어서 첨단기술의 적극적인 채용도 바람직하지만 철저한 신뢰성 확보가 전제조건이 되어야 함을 잊어서는 안 된다.

인공위성, 어떤 일을 할 수 있나?

　　인공위성의 임무는 크게 지구를 바라보며 수행하는 임무와 지구 반대의 우주를 바라보며 수행하는 임무로 나눌 수 있다. 전자의 예로는 지구관측, 통신방송, 항행 및 측위, 기상예보, 지구과학 연구 등이 있고, 우주를 바라보며 수행하는 임무로는 우주과학 연구 및 태양계행성 탐사 등이 있다.

　　현대에 들어 위성에 의한 각종 서비스는 우리 인간의 일상 생활에 없어서는 안 될 중요한 부분이 되어가고 있다. 이들 서비스는 위성통신 및 방송, 위성위치측정시스템(GPS: Global Positioning System)에 의한 배, 항공기 및 자동차의 항행을 위한 위치, 속도 및 시간 정보제공, 그리고 기상위성에 의한 날씨예보 등을 포함한다. 위성은 또한 지구의 온난화 현상, 삼림

황폐화, 사막화의 증가, 오존층의 상태, 농사작황현황 그리고 질병뿐이 아닌 기후, 해양 및 지표면에서의 변화를 정확하게 감지 및 관찰할 수 있다. 이러한 위성서비스는 현재와 같은 정보화 사회에서 필수불가결한 부분이 되고 있으며, 삶의 질을 향상시키는 데 공헌하고 있다. 이중 일반대중에게 다른 어떠한 서비스보다도 강력한 영향을 미치는 위성통신은 매년 수십억 달러의 제품과 서비스를 생성하는 유일한 상업용 우주기술이 되고 있다.

인공위성은 지구상 인류의 생활수준을 계속해서 증진시킬 것이다. 우주 선진국에서는 인공위성이 찍은 영상을 실생활에 폭넓게 이용할 수 있는 소프트웨어를 개발하고 있고, 향후에는 이들 위성영상에 힘입어 지금보다도 훨씬 더 편리한 생활이 가능해질 것이다. 은행원들은 수시로 변하는 부동산용도를 분석하여 자산가치를 정확히 평가하고 농부는 토양에 적합한 비료와 살충제를 선택하여 농산물의 생산량을 증가시킬 수 있다. 회사원은 해외출장을 가기 전에 출장지의 교통사정을 미리 파악해 렌터카를 예약할 것인지 아니면 기차나 버스를 이용할지를 결정한다. 또한 위성은 인간과 컴퓨터를 정보 고속도로 위에 올려놓고 있다. 위성에 의한 전자메일의 교환은 이미 실현되었고, 미래에는 신문이나 잡지와 같은 정보를 위성을 통해 받을 수 있을 것이다.

이후의 서술에서 인공위성이 제공할 수 있는 각종 서비스들을 상세하게 알아보자.

언제 어디서나 가능한 무선이동통신

모든 위성기술 중 인간의 생활에 가장 밀접한 영향을 미치는 것은 통신위성이다. 지구의 한 지점에서 다른 지점으로 라디오, 전화, 텔레비전 및 데이터를 전달하는 통신위성은 지구의 자전주기와 동일한 정지궤도에서 고정통신 및 이동통신이, 저궤도와 중궤도상에서는 이동통신이 가능하다. 이동위성통신시스템은 지상의 고정지점 간 위성통신시스템인 고정위성통신시스템과는 달리 지상의 고정지점과 이동체 간 혹은 이동체 간의 통신에 정지궤도 위성이나 저궤도 또는 중궤도 위성을 이용하는 위성시스템을 말한다. 여기에서는 이동위성통신서비스와 고정위성통신서비스가 우리 생활에 어떻게 응용되고 있는지를 살펴보겠다.

고정위성시스템서비스는 주로 C밴드와 Ku밴드를 이용한 음성, 데이터, 그리고 영상전송 등의 멀티미디어 통신서비스가 주를 이루고 있다. 고정위성시스템서비스의 주요형태는 다음과 같다.

○ 지상통신망과의 연계 서비스: 낙도와의 전화회선 설정, 국제전화 등에 이용

○ 대용량 동보서비스: 통신위성 1기로 여러 장소에서 동시에 송수신을 할 수 있기 때문에 기업의 원격 영상회의, 케이블TV로의 프로그램 전송, 원격 의료서비

스, 지방/도서 벽지에서의 원격강의, 팩스 등의 데이
터전송에 이용

○ 기동성 및 유연성이 있는 서비스: 이동국이나 차량 탑재
국을 이용한 이벤트 및 뉴스현장의 중계인 SNG(Satellite
News Gathering)에 이용

○ 다원접속형 서비스: 컴퓨터 네트워크나 데이터 또는
음성 양방향성 VSAT를 이용한 POS 시스템 이용

이동위성통신서비스

일반적으로 지상에 설치된 기지국을 이용하는 이동통신서
비스는 대부분 도시지역에서는 이용에 제한이 없으나 산악지
대, 낙도, 해상, 사막 등의 오지는 기지국설치에 따르는 채산
성문제로 이동통신의 사각지대가 된다. 이러한 지대를 저비용
으로 극복하기 위해 만들어진 이동통신시스템을 이동위성통
신시스템이라 하는데 이리듐(iridium)과 글로벌스타(globalstar)
와 같은 GMPCS가 이의 대표적인 예이다.

초고속광대역 통신서비스

위성을 이용한 전 세계적 초고속광대역 통신서비스는 1990
년대 말에 시스템 구축을 위한 계획이 세워졌으나, 투자비용
대비 서비스 활용의 측면에서 아직도 구체화되지 못하고 있
다. 전에는 위성 하나로 일정지역을 서비스했지만 이제는 적
게는 3개, 많게는 수백 개의 위성을 동시에 이용해 전 세계 우

주공간에 초고속통신용 거미줄을 친다는 개념이다. 마이크로
소프트사의 '텔레데식(Teledesic)', 미 휴즈사의 '스페이스웨이
(Spaceway)', 모토롤라사의 '셀레스트리(Celestri)' 등이 이에 해
당한다. GMPCS와 초고속통신서비스의 차이로는 각각 이동
대 고정통신, 협대역 대 광대역, 음성과 메시지 전송 대 멀티
미디어, 고속 데이터전송 등이 있다. 이들을 이용한 서비스의
종류에는 다음과 같은 것들이 있다.

- ○ 전자상거래, 소프트웨어 배급을 위한 중속정보서비스
- ○ 전자우편, 홈쇼핑, 원격진료용 고속정보서비스
- ○ 쌍방향 오락, 주문형 비디오 등의 화상서비스
- ○ 가상과외, 가상연수 등의 최첨단 기업서비스

위성방송서비스

위성방송은 TV프로그램이나 음성프로그램 등의 각종 방송
프로그램을 전송할 목적으로 위성을 이용하는 방송시스템을
의미한다. 즉, 위성방송은 방송국에서 TV신호(프로그램)를 송
신국으로 전송하면 송신국은 우주궤도에 놓여 있는 위성(대부
분의 방송위성은 정지궤도에 위치)에 전파를 발사하고 위성은
수신된 전파를 증폭하여 재송출하는 방송시스템을 말한다. 특
히 수신자는 간단한 소형안테나를 이용하여 TV신호를 수신할
수 있다.

높은 지대에 중계소를 설치하여 영상을 보내는 TV방송국과는 달리 위성을 통하여 전파를 보내게 되면 빌딩이나 산간 오지에서도 깨끗한 영상을 볼 수 있으므로 난시청 지역의 문제가 완전히 해소된다. 1995년 8월, 1996년 1월에 각각 발사된 무궁화위성 1/2호는 통신 및 방송중계기를 탑재한 복합위성으로, 1996년 7월 KBS에 의해 우리나라에서는 처음으로 방송프로그램을 송출하였으며 현재는 교육방송 두 채널을 포함, 모두 네 채널의 위성방송서비스를 실시하고 있다. 무궁화위성이 제공하는 직접위성방송서비스(DBS: Direct Broadcasting Service)는 디지털 방송이며, 40cm의 소형안테나를 설치하면 누구나 무궁화위성 시계 내(한반도, 중국 연해주 및 일부 일본열도 등 포함)에서 방송을 시청할 수 있다. 디지털 위성방송시스템은 다채널, 고화질화가 가능하여 미국을 비롯한 유럽 및 일본 등에서 활발하게 추진되고 있다.

무궁화 통신방송위성의 서비스

그림 8은 우리나라 정지궤도위성인 무궁화 통신방송위성이 실제 우리 생활에 어떻게 이용되고 있는지를 보여 주고 있다. 무궁화 통신방송위성에 의해 제공되는 서비스는 다음과 같다.

먼저 직접위성방송서비스는 방송사에서 위성으로 송신한 TV프로그램을 전국 어디서나 각 가정에 설치된 안테나를 이용하여 개별 또는 공동으로 동질의 화면을 수신할 수 있는 서비스이다. 전국 어디서나 직경 40cm정도의 전용안테나만 있

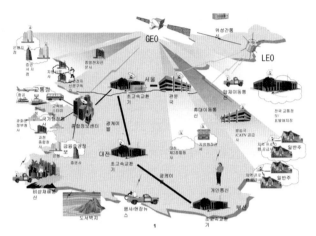

그림 8. 우리 생활 속의 위성 서비스

으면 수신이 가능하고 무궁화위성에 탑재되어 있는 27MHz방송용중계기 3개를 이용하여 12개의 채널이 운용가능하다.

위성기업통신망서비스(VSAT)는 고출력증폭기와 대형안테나를 갖춘 중앙지구국(HUB station)과 다수의 소형지구국으로 구성된 별 모양의 통신망이다. 중앙지구국은 고전력 증폭기나 대형안테나를 갖춘 지구국으로 주요도시 기업체 본사의 주컴퓨터와 연결되고 VSAT단말국은 소형안테나를 설치하여 주컴퓨터와 2,048Mbps까지의 전송속도를 가진 데이터, 전화 및 화상회의 등에 이용될 수 있다.

위성비디오통신서비스는 지상TV중계망 대신 위성을 이용하여 전국 비디오 통신망을 연결하는 것이다. 이는 TV 및 케이블TV 등의 신호파 같은 영상 및 음성신호를 전송하는 서비스로 영상전송품질이 6Mbps급 미만인 단방향 영상중계가 가능하다. 이 서비스를 이용할 경우 기존 중앙 및 지방방송국 간에 상향/하향 정보전송, 유선방송사업자를 위한 케이블TV 프로그램공급자의 프로그램공급, 기업의 사내방송, 대학 분교를 위한 원격교육, 교회 등에서의 원격선교 등이 가능해진다. 또한 이동이 가능한 송출장치를 통해 뉴스의 장거리수신이 가능하고, 지상의 위치에 구애받지 않으며 재해 및 긴급재난에 유리하다는 특징을 가지고 있다.

위성디지털회선서비스는 공중통신망이나 기업사설통신망에 고속전송을 제공하는 서비스로, 위성을 이용하여 대도시 간의 시외통신망 및 전화국 간의 중계전송로를 구성하여 트래픽폭주 및 지상통신망의 장애 시 장거리기간전송로(PSTN, PSDN, CSDN)에 대한 보조용이나 주 전송로로 이용할 수 있다. 다수의 자회사를 가져 통신량이 많은 대기업, 행정, 금융기관, 언론사 등에 대해 음성, 고속데이터, 화상회의 등을 위한 고속전용회선을 구축함으로써 기업 내의 종합통신망으로도 이용될 수 있다.

위치 추적과 정밀한 시간의 제공

1973년 미국 국방성에 모인 군관계자와 민간위성전문가들은 전투기나 탱크에서 발사되는 미사일을 목표물로 정확히 유도할 수 있는 방법으로 지구궤도를 도는 24기의 위성에서 무선신호를 발사하는 새로운 항법유도장치를 제안했다. 이들은 지난 1989년에 첫 위성을 발사한 후 1994년까지 24기의 위성을 발사하여 위성네트워크를 완료하였다. 휴대폰 크기만 한 단말기 하나면 지구상의 어떤 물체라도 그것의 정확한 위치와 이동속도를 측정할 수 있는 가공할 위력의 위성위치측정시스템은 이렇게 탄생되었다.

GPS위성은 6개의 궤도면에 24기의 위성으로 구성되며, 고도 20,200km, 경사각 55°로 12시간의 궤도주기를 갖는다. 위성은 사용자가 최소한 4기의 위성으로부터 신호를 수신할 수 있도록 배치되어 있다. 최근에 미국은 러시아의 위치측정시스템인 'GLONASS' 시스템과 함께 'GNSS(Global Navigation Satellite System)'를 구축하였다. 또한 자국의 GPS와 러시아의 GLONASS 시스템과 같은 기술적 원리를 바탕으로 한 위성항법시스템인 '갈릴레오'도 개발 중에 있는데, 유럽연합과 유럽우주기구를 중심으로 2008년에 서비스를 제공하는 것을 목표로 하고 있다. 우리나라는 미국의 GPS가 기술적 장애나 보안을 이유로 정보제공을 중단할 가능성을 대비하여 새로운 위치측정시스템인 '갈릴레오' 위성사업에 참여하기로 결정, 참여범위를 협의 중에 있다.

GPS는 냉전시대의 종식과 함께 민간영역으로 그 이용범위를 급속히 넓혀가고 있다. GPS의 응용은 실로 다양하며 그 시장의 잠재력 또한 엄청나다. 수신기의 하드웨어와 운용을 위한 소프트웨어, 그리고 사용목적에 따른 네트워크를 고려하면

지리정보	전자지도(digital map), 지하매설물 지도, 측지 예) 지각운동(5cm/yr), 지진/화산 감시
비행기 항법	착륙, 항로, 비행교통
우주항법	궤도결정, 자세결정, 랑데부(우주비행체의 정밀결합)
선박항법	항만접근, 정상운항 항로, 조난신호, 유전, 어군추적
자동차	도로안내, 최단거리, 교통정보, 차량추적, 배달위치정보, 구급차, 경찰청
일반레저	등산, 낚시, 조난
기타	농업, 산림관리

표 1. GPS 위치측정시스템 활용 예

조만간 모든 교통시스템 및 물류사업 분야에 대한 시장개척을 예상할 수 있다. 표 1은 GPS 위성 활용의 예를 도표로 정리한 것이다.

현재 GPS를 민간부문에서 가장 활발하게 이용하는 분야는 차량항법장치(CNS: Car Navigation System)이다. 지속적인 도로 망의 확충에도 불구하고 대도시의 도로정체현상은 날로 심화 되고 있다. 이에 따른 우리나라의 연간 교통혼잡비용은 1995 년 기준 11조 6천억 원으로 GNP 대비 약 3.6%에 달했다. 특 히 1990년대에 들어 전 세계적으로 환경보호가 강조되면서 자동차의 효율적인 관리가 중요해지고 있다. 날로 심화되는 교통문제를 해결하기 위해서는 기존도로망에서 많은 자동차 를 효율적으로 운행시켜 병목현상을 최소화시키고 도로 이용 률을 최적화하는 것이라 할 수 있다. CNS는 지능형교통시스템(ITS: Intelligent Transportation System) 분야 중 가장 먼저 상용화 단계에 있다. 현재 CNS를 가장 활발히 이용하고 있는 국가는 일본으로, 1994년부터의 시장규모만 해도 100만대(1조~1조 5천억 엔대)에 달한다.

서울의 모범택시 통신센터에서는 손님이 전화로 신청하면 가장 근거리에 있는 빈 모범택시와 연결시켜준다. 이는 모범택시에는 모두 GPS수신기가 장착되어 있어 이들의 움직임이 통신센터의 컴퓨터 화면에 일목요연하게 표시되기 때문에 가능한 서비스이다. 각 차량의 GPS장치가 무선으로 매분 전송하는 차량의 위치정보는 컴퓨터의 화면에 나타난다.

GPS장치는 1996년 말 개통된 서강대교의 건설과정에서도 이용되었다. 고난도공법의 하나인 닐센아치교 형태로 건설된 서강대교는 공사의 마지막 단계에 아치를 어떻게 정확한 위치에 올리느냐가 성공의 관건이었다. 평지라면 몰라도 흐르는 강 위에서 아치를 정확히 올려놓는다는 것은 기존 기술로는 불가능했다. 그러나 시공을 맡은 현대건설측은 미국 트림블사의 GPS측량장비를 투입하여 구조물을 설계상의 위치에 정확히 올려놓는 데 성공하였다.

1999년 4월부터는 우리나라도 연안을 항해하는 선박들의 정확한 위치정보를 제공하는 위성항법시스템을 사용하기 시작했다. 이를 통해 굴곡항로나 협수로에서도 선박들이 위치에 확신을 갖고 안전하게 통과할 수 있고, 해양조사나 항만공사 시 정확한 위치정보를 제공할 수 있게 된다. 또 선박들이 우리나라 연안 해역에 산재한 암초 등 장애물을 통과할 때도 유용하게 활용할 수 있다. 전력회사의 전력케이블지지를 위한 송전탑의 정확한 위치선정은 전력손실 및 사고를 방지하기 위해 대단히 중요하기 때문에, 작업자가 GPS수신기를 들고 올라가 정확한 위치를 산출하게 된다.

GPS이용에 가장 적극적인 분야 중 하나는 항공관제분야로, 항공로 등을 비행할 때의 항법시스템(비행 중인 항공기 위치의 파악)과 공항에 진입·착륙 시의 유도시스템으로서 GPS를 이용하려 하고 있다. 현재 항공로를 비행하는 항공기의 항법시스템으로서 육지의 상공에서는 VOR/DME 등 지상에 설치된 항공보안 시설을 이용하고 있고 지상전파가 미치지 못하는 해양상에서는 관성항법시스템(INS)이나 관성기준시스템(IRS) 등의 관성항법장치를 사용하고 있으나, 여기서 얻는 위치정보는 작동원리상 시간의 경과에 따라 오차가 커진다는 문제가 있다. 따라서 GPS를 이용할 경우 저가의 장비로도 정밀한 관제가 가능해지고 비행중인 항공기 간의 운항거리도 좁힐 수 있어 동일한 항로에 더 많은 항공기를 투입하는 것이 가능해진다. 또한 공항으로의 착륙유도시스템으로서는 계기착륙시스템(ILS: Instrument Landing System)을 이용하고 있으나 DGPS(Differential GPS: 위성항행시스템의 보강시스템) 등의 고정밀화 방법을 통한 GPS에 의한 착륙이 가능하게 될 것으로 기대되고 있다.

1994년에 미국 연방항공국은 DGPS 기법을 이용한 항공기

정밀착륙 시험을 실시하여 만족스러운 결과를 얻은 바 있다. 결과적으로 2000년대 초에는 사용될 항공관제시스템의 하부구조가 위성을 이용한 항법 및 감시시스템으로 점차적으로 대체될 것이다. 그러나 미 정부가 GPS신호를 무제한적으로 제공한다고 약속했을지라도 GPS 위성 자체가 미국에 의하여 제어되어 신호가 차단되거나 교란될 수 있다. 이와 같은 우려 때문에 GPS에 의한 항공관제시스템이 전 세계적으로 채택될지는 아직 미지수이다.

화산활동이 활발한 일본이나 이탈리아에서는 GPS를 지진감시에 이용하고 있다. 일본은 전국에 800여 개의 GPS 관측소를 설치하여, 지층의 움직임을 mm 단위까지 감시하고 있다. 또한 GPS는 재난구조에도 활용된다. 1996년 5월 미국 플로리다 에버글레이드 늪지에 추락했던 밸류젯 여객기의 잔해를 수색하는 데 동원되었고, 7월에는 대서양에 추락한 미 TWA항공사의 보잉 747기의 잔해를 찾는 데도 투입돼 그 성능을 입증한 바 있다.

일반재래식측량기는 표적을 사용하며 표적설치의 양호 여부에 따라 오차가 증감하게 된다. 또한 측량기 및 표적 간에 시선(line of sight)이 확보되어야만 측량이 가능하다. 시선이 확보되지 않은 경우에는 장애물을 우회하여 측량하거나 처리 가능한 장애물(나무 등)의 경우에는 후처리측량을 실시한다. 우회측량의 경우에는 오차의 증가 및 측량작업량의 증가로 인한 원가부담이 문제가 되며, 처리가능한 장애물 처리의 경우에도 관련법규 및 자연보호 등의 문제로 장애물의 처리가 불가능하거나 이로 인한 원가부담증가의 문제가 있다. GPS를 이용한 측량의 경우 위성과 시선만 있다면 이를 해결할 수 있다.

남의 집 안방도 훤히 들여다본다? 첩보전의 대명사

지난 40년 동안 세계는 눈에 보이지 않는 첩보전을 치러왔으나 모든 것은 베일에 가려 있어 그 실체를 알 수 없었다. 그런데 몇 년 전부터 첩보전의 대명사인 첩보위성에 대한 정보가 조금씩 흘러나오기 시작했다. 첩보위성에는 어떤 것이 있으며 그것이 어떤 일을 하는지 알아보자.

1957년 10월 4일 옛 소련이 최초의 인공위성인 스푸트니크 1호를 지구궤도에 올려놓은 것을 본 미국은 두려움에 떨지 않을 수 없었다. 이는 곧 옛 소련이 우주공간에서 미국에 대한 각종 정보를 빼내는 것이 가능하다는 것을 뜻했기 때문이다. 때문에 미국은 곧 1958년 첫 번째 위성인 익스플로러 1호를 발사했고, 이어 정찰(사진촬영) 목적의 위성들을 쏘아 올렸다.

초기 정찰위성들은 영상정보를 전파를 이용해 송부하는 것에 실패하였기 때문에, 실제필름으로 찍어 캡슐에 넣은 다음 대기권으로 떨어뜨려 회수하는 방법을 택했다. 물론 미국의 정찰기들은 정찰위성이 발사된 후에도 수십 년 동안 옛 소련과 동유럽 상공을 비행하면서 군사현황에 관한 사진들을 찍었다. 그러나 쿠바의 미사일 위기 때나 U-2정찰기가 옛 소련 상공에서 격추될 때까지 이들이 어떤 일을 하는지는 일반인들에게 알려지지 않았다. 1996년까지 미국은 정찰목적을 위해 약 1천억 달러 이상을 지출했다고 한다. 옛 소련도 이에 못지않은 비용을 투자한 것으로 알려졌다.

오늘날 첩보위성의 영상기술은 대단히 발전했다. 미국 관리들은 블라디보스토크 해군기지의 주차장에 서 있는 러시아 차들의 번호판(수 cm의 해상도를 가짐)을 읽을 수 있다고 자랑하곤 했다. 그러나 첩보위성 프로그램들은 극비사항이라고 하며 정확한 내용은 말하지 않았다. 과거의 첩보위성들은 악천후 때나 밤에는 영상촬영을 하지 못했으나, 이 문제는 1988년 미국이 발사한 레이더 영상위성인 래크로스(Lacrosse)의 발사를 통해 해결됐다. 래크로스는 일정지역에 전파를 쏘아 그 반사파를 읽어내는 합성개구레이더(SAR)를 사용해 구름이나 어둠 속에서도 영상을 얻을 수 있었던 것이다.

옛 소련이 붕괴된 이후 첩보위성에서 얻은 고해상도영상자료들은 점차 상용화되고 있다. 지금까지 1m이하 급의 지구관측은 기술도 어렵고 국가안보에 미치는 영향도 컸기 때문에 몇 나라에서만 활용돼 왔다. 그런데 1994년 미국정부가 대통령령 제23호에 의해 1m급 위성기술의 상용화를 허용하고, 1995년 미 중앙정보국(CIA)은 1960년부터 1972년까지 수집한 80만 장의 영상을 대중에게 공개한 바 있다. 이에 따라 기업들도 고해상도영상을 판매할 목적으로 위성들을 개발하기 시작했다.

위성영상의 판매에 관심이 큰 민간업체로는 스페이스 이미징(Space imaging)사, 어스워치(Earth watch)사, 그리고 오브이미지(OrbImage)사 등이 있다. 이미 스페이스 이미징사는 이코노스(IKONOS)위성을 1999년 9월 25일 성공적으로 발사하여 1m급의 고해상도영상을 보내오고 있다. 나머지 두 회사는 2000년에 각각 1m급 고해상도영상위성인 퀵버드(QuickBird)와 오브뷰(OrbView) 3호를 발사하여 이들 위성영상을 판매하고 있다. 물론 미국의 국익과 관련된 경우 정부의 허락을 받는다는 조건이 붙어 있다.

미국과 마찬가지로 러시아, 이스라엘, 프랑스, 일본, 인도에서도 고해상도위성의 영상을 판매하는 것을 추진중이다. 초기의 프랑스 스폿(SPOT)위성에서 찍은 영상은 해상도가 낮음에도 불구하고 가격이 비쌌지만, 경쟁자가 생기면서 위성영상의 가격이 많이 내렸다. 특히 경제난에 허덕이는 러시아는 첩보급 위성영상을 판매해 짭짤한 수입을 올리고 있다.

일반적으로 위성영상의 해상도를 말할 때는 기하학적인 의미의 지상샘플링 거리(GSD: Ground Sampling Distance), 즉 몇 미터짜리의 물체를 식별하느냐를 기준으로 한다. 영상을 분석해 어떤 물체의 존재 유무, 인식, 식별, 분석 등의 판독을 수행하려면 해상도가 높을수록 보다 상세한 정보를 얻을 수 있다. 고해상도위성은 통상 해상도가 10m 이하의 영상을 얻을 수 있는 탑재체(카메라)를 적재한 위성을 말한다. 1m 해상도는 정상적인 상태에서 1m×1m 의 크기를 갖는 지표면의 물체를 영

대상물	존재 확인	구체적 식별
함정/잠수정	10	1.5
비행기	4.5	0.9
군사기지	2	0.9
미사일기지	2	0.6
레이더기지	2	0.3
차량	1.5	0.3

표 2. 위성이 물체를 판독하기 위한 해상도(단위:m)

상자료에서 하나의 점으로 식별할 수 있다는 것을 뜻한다.

구체적인 정의는 없지만 첩보위성은 서브미터급(1m 이하의 해상도)의 위성영상을 이용한다. 이 정도는 돼야 적국의 군사 동향과 작은 군사시설 등을 판독할 수 있기 때문이다. 예를 들어 미국의 KH-11 및 KH-12 위성은 약 10cm, 래크로스위성은 1m의 해상도를 얻을 수 있다. 표 2는 해상도에 따른 물체의 판독 정도를 나타낸다.

첩보위성과 군사위성의 차이

군사용으로 사용되는 위성에는 정찰위성(해상정찰위성 포함), 조기경보위성, 도청위성, 군사통신위성, 항행위성, 군사기상위성 등이 있다. 넓게 보면 모두 첩보위성에 속한다. 그러나 좁은 의미에서의 첩보위성은 정찰위성, 조기경보위성, 그리고 도청위성만을 가리킨다.

조기경보위성은 미사일이나 핵폭탄의 발사를 조기에 감지해 적의 공격에 대비하도록 돕는다. 미국의 대표적인 조기경보위성인 DSP(Defense Support Program) 위성은 미사일이나 로켓에서 뿜어 나오는 배기가스의 열을 적외선 센서를 사용해 감지한다. 1997년 2월 미국은 미사일조기경보위성인 DSP 18호를 고도 3만 5천km에 올려놓았다. 이 위성은 미사일 발사에 대한 경보와 방어, 미사일에 대한 기술정보, 전장(戰場)에 대한 정보를 수집할 목적으로 발사됐다.

조기경보위성은 1970년대 초부터 중단 없는 조기경보체제를 제공해왔다. 걸프전 때에는 이라크의 스커드미사일의 발사를 감지해 이스라엘과 사우디아라비아의 인구밀집지역이나 군사지역에 미리 알려 피해를 최소화했다. 이렇듯 조기경보의 속도와 정확성은 기습공격의 가능성을 줄여주고 전쟁을 억제하는 데 중요한 수단이 된다. 21세기에는 전 세계를 모두 볼 수 있는 SBIRS(Space-Based Infrared System) 위성이 일부지역만 정찰했던 DSP 위성을 대체할 예정이다. 한편 러시아도 미사일 공격과 원자핵시험을 감시할 수 있는 오코위성과 프로뇨츠위성을 결합한 조기경보위성시스템을 운용해오고 있다.

도청위성은 적국의 전파나 통신을 도청하는 일을 맡는다. 미국에는 점프시트, 볼텍스, 오리온 등이 있으며, 미 공군이나 중앙정보국을 대신해 국가정찰국(NRO)이 관리하고 있다. 국가정찰국은 1992년 일반에게 알려질 때까지 존재 자체가 비밀이었다. 매그넘/오리온 계열의 위성은 미사일 시험중에 전송되는 원격계측정보를 도청하고, 볼텍스위성은 여기에 음성도청을 가미했다. 샬리트/볼텍스위성은 비밀정보도청을 수행했다. 1996년 4월 미 공군은 타이탄 4호 로켓으로 첩보위성을 발사했는데, 고급형 볼텍스 계열의 통신도청위성인 것으로 알려지고 있다. 이것은 마이크로파신호, 전파신호, 장거리전화 및 워키토키 대화내용 등을 도청할 수 있는 대형통신집진기를 갖추고 있었다.

비밀정보도청위성은 기본적으로 군사지역으로부터 흘러나오는 전파 및 레이더 전송을 기록해 지상국으로 전송하는 역할을 한다. TRW사가 개발한 르욜리트/애쿼케이드 위성은 러시아의 미사일 시험에서 나오는 신호를 집어내고 무기개발을 감시한다. 이는 러시아가 무기통제협정을 제대로 준수하는지를 감시하기 위한 것이다. 한편 러시아는 비밀정보를 얻기 위해서 첼리나위성을 1960년대 말부터 운용해왔다.

군사용 통신위성은 소형의 지상터미널과 통신해야 하기 때문에 일반적인 통신위성보다 높은 전력이 요구된다. 미국의 군사통신위성은 DSCS와 밀스타(Milstar)로 대표된다. 밀스타는 DSCS의 후속프로그램으로 육·해·공군 사이의 상호통신을 제공한다. 이것은 원자폭탄이나 에너지무기(레이저)의 공격에서 발생하는 복사선에도 끄떡없을 만큼 단단하게 설계돼 있다. 러시아는 10여 기의 군사통신위성(정지궤도의 라두가위성과 포토크위성, 타원궤도의 몰니야위성)을 가지고 있다. 스트렐라 계열의 전략통신위성도 최근까지 발사돼 해상과 지상군 사이의 VHF/UHF통신에 활용하고 있다.

방위기상위성프로그램(DMSP)으로 대표되는 군사기상위성은 가시광선과 적외선영역에서 구름영상을 찍어 폭풍, 모래바람, 허리케인, 태풍 등의 현황을 파악한다. 이러한 정보는 군사훈련이나 실제 전쟁을 치를 때 유용하게 쓰인다.

세계 각국의 영상정찰위성

미국의 영상정찰위성은 코로나/디스커버러(KH-1~KH-4) 시리즈로 시작됐다. 그리고 지역조사를 목적으로 하는 KH-9 빅버드와 정밀관측을 목적으로 하는 KH-11로 발전했다. 1958년 2월 아이젠하워 대통령은 필름회수용 정찰위성시스템의 개발 책임을 중앙정보국(CIA)에 주었다. 1960년 5월 1일 중앙정보국의 U-2기가 옛 소련에 의해 격추되자, 미국은 옛 소련의 전략 무기시스템과 무기기지를 감시할 필요성이 더욱 증가하여 그해 8월 최초의 정찰위성인 코로나/디스커버러(KH-1)를 발사했다. U-2기를 사용했을 때보다 많은 영상데이터를 제공한 코로나/디스커버러는 길이 1천82m의 필름(무게 9.1kg)을 탑재했으며, 4백27만km^{2}의 면적을 15m의 해상도로 정찰했다. 코로나/디스커버러는 1962년 초 30회 발사를 마지막으로 사라졌다.

그 뒤를 이은 코로나(KH-4)는 1972년까지 활약하며 옛 소련의 대륙간탄도탄기지에 대한 영상을 주로 확보했다(그림 9). 록히드사가 위성체를 설계, 제작하였고 아이텍사가 카메라를 공급하였는데 초기의 카메라해상도는 약 15m였고, 후에는 1.5m의 해상도와 파노라마를 구현하였다. 코로나 시리즈의 하나인 아르곤(KH-5)은 미 육군의 위성지도 작성 계획을 위해 발사됐다. 당시 옛 소련의 미사일이 지하에 배치되기 시작해 옛 소련의 군사동향을 파악할 필요가 있었기 때문이다.

코로나 위성체는 궤도에 있는 동안 일정한 각도로 회전하는 스테레오파노라마 카메라시스템을 이용해 사진을 찍는다. 맨 하단의 필름통에서 흘러나온 필름은 카메라로 이동하고, 영상이 찍힌 필름은 중간의 롤러어셈블리를 거쳐 회수용 필름통에 감긴다. 별도의 회수용 비행체에 들어 있는 회수용 필름통이 꽉 차면 회수용 비행체는 궤도를 떠나 낙하산을 이용해 지상으로 떨어진다. 이때 공군 수송기인 C-119가 공중에서 이를 낚아채 가져온다. 필름은 지상에서 현상한다.

빅버드(KH-9)는 지역조사와 특정지역을 정밀관측했던 미 공군의 주 정찰위성이다. 위성의 무게는 11톤 이상으로, 0.6m의 해상도와 1백30km의 대역폭을 얻을 수 있는 스테레오카메라를 탑재하고 있었다. 이 위성은 태양동기궤도를 돌면서 새로운 미사일기지의 건설 여부, 장착된 미사일의 숫자와 형식 등에 관한 변화를 살폈다. 수명이 7~10일로 짧아 주기적으로 애지너(Agena) 로켓을 발사해 그 수명을 연장시켰다. 1974년 중동에 긴장감이 고조될 때 빅버드는 지대지 미사일인 스커드의 부품을 하역하고 있는 16기의 옛 소련 함정을 촬영했고, 1980년에는 이란과 이라크의 전쟁을 261일 동안 지켜본 다음 그 필름을 보내오기도 했다.

KH-11부터는 CCD를 이용한 전자광학카메라가 동원돼 더이상 필름을 회수할 필요가 없어졌다. 또 수명을 증가시키기

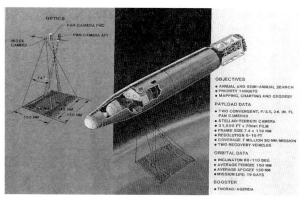

OPTICS

PAN CAMERA FWD

PAN CAMERA AFT

INDEX CAMERA

74°

94 NM 145 NM

150 NM 150 NM

OBJECTIVES
● ANNUAL AND SEMI-ANNUAL SEARCH
● PRIORITY TARGETS
● MAPPING, CHARTING AND GEODESY

PAYLOAD DATA
● TWO CONVERGENT, F/3.5, 24. IN. FL PAN CAMERAS
● STELLAR-TERRAIN CAMERA
● 31,500 FT x 70mm FILM
● FRAME SIZE 7.4 x 119 NM
● RESOLUTION 6-10 FT
● COVERAGE 7 MILLION SQ NM/MISSION
● TWO RECOVERY VEHICLES

ORBITAL DATA
● INCLINATION 60-110 DEG
● AVERAGE PERIGEE 100 NM
● AVERAGE APOGEE 150 NM
● MISSION LIFE: 19 DAYS

BOOSTER
● THORAD/AGENDA

그림 9. KH-4B 위성의 형상과 특성

위해 KH-9가 사용했던 고도보다 훨씬 높은 고도(늘 태양을 볼수 있는 태양동기궤도)를 이용했다. 표준 궤도는 300×1,000km였으며, 이 시리즈의 마지막 위성은 1996년 5월에 궤도에서 사라졌다. KH-11의 고급형인 최신 정찰위성인 KH-12는 해상도가 15cm에 이르고, 이를 위해 지름이 약 2.4m의 대구경 망원경과 고정밀의 CCD센서를 탑재하고 있다.

래크로스는 첫 번째 고해상도 레이더 영상위성으로 1988년 2월에 우주왕복선 아틀란티스호에 의해 발사됐다. 10kW의 고출력 레이더를 탑재하고 있는 이 위성은 러시아의 군사동태를 1m의 고해상도영상으로 기후상태나 밤낮의 구분 없이 관측할 수 있다. 데이터는 TDRS 위성을 통해 뉴멕시코 주의 지상국으로 전달한다. 표 3에는 미국의 영상정찰위성이 정리되어 있다.

러시아의 정찰위성은 어떤 우주 프로그램보다 규모가 컸다.
1996년 말까지 러시아는 영상정찰위성을 무려 804회(34회 실
패)나 발사했다. 최근 그 발사빈도는 줄고 있지만 경제적인 이
유 때문만은 아니다. 수명이 2~3주 밖에 안 되는 3세대 위성
에서 2개월~1년의 수명을 갖는 4~5세대 위성으로 전환됐기
때문이다. 그러나 1996년 4세대 정찰위성들이 연이어 실패함
으로써 러시아는 1996년 9월 코스모스위성이 사라진 이후
1997년 4월까지 정찰위성을 보유하지 못했다.

1~3세대를 유지해온 러시아의 정찰위성인 제니트는 1962
년 4월 코스모스 4호에서부터 시작됐다. 위성체는 보스토크
유인우주선에 기초해 만들어졌다. 마지막 제니트 정찰위성은
1994년 6월에 발사됐다. 그러나 1995년 9월 레수르스 F2라는
이름으로 다시 발사되기 시작했다. 4세대 정밀탐사위성인 얀
타르위성은 1974년 12월에 처음 발사됐고, 주기적으로 두개
의 필름캡슐을 보냈으며 수명은 6~8주 정도였다. 코메타라고
하는 다른 4세대 위성은 1981년 2월부터 발사되기 시작했고,
주로 지도제작 임무를 수행했다. 이 위성에 실린 KVR-1000
카메라는 0.75m의 높은 해상도를 지녔다.

러시아의 5세대 위성에 대한 공식적인 이름은 아직까지 알
려진 바가 없다. 1995년 파리 에어쇼에서 디지털 영상시스템
을 탑재한 모델이 선보인 후, 1995년 9월에 발사해 1년 동안
사용했지만 1997년 중반까지 더 이상 발사되지 않았다. 이 밖
에도 러시아에는 6~7세대 위성과 세계 전역의 해군시설 등을

Key Hole 정찰위성	활용년도	활용위성수/ 발사위성수	해상도/ 카메라	수명	비 고
KH1	1959~1960	1/10	15m/필름	수일	9.1kg의 필름
KH2	1960~1961	3/11	10m/필름	수일	18kg의 필름
KH3	1961~1962	5/9	4~6m/ 필름	수일	
KH4/ KH4A/ KH4B	1962~1963 1963~1969 1967~1972	21/34 41/52 14/17	3m/필름 1.5m/필름	수일 1~4 주	스테레오 기능추가
KH5	1962~1964	7/12	140m/ 필름	수일	육군의 지도제작용
KH6	1963	0/3	0.6m/필름	수일	모두 실패
KH7	1963~1967	36/38	0.5m/필름	5일	영상이 배포되지 않음
KH8	1966~1984	?/53	0.46m/ 필름	50일 이상	영상이 배포되지 않음
KH9	1971~1984	?/20	0.6m/필름	52~ 275 일	위성 무게 11t 이상/ 저궤도 태양동기궤도
KH11 Kennan/ Crystal	1976~1988	?	서브미터/ CCD	2년 이상	전자광학 카메라 (CCD 영상)
Lacrosse/ Vega	1988~현재	?(3/3)	1m/ 합성개구 레이더	8년 이상	최초의 군사용 합성개구 레이더 사용/ 현재 비행중

표 3. 미국의 영상정찰위성

탐지하는 원자력 RORSAT 프로그램이 있다.

프랑스는 1985년부터 상업용 지구관측위성인 스폿에 기초해 군사정찰위성의 개발을 시작했다. 미국의 스타워즈에 대비하기 위해 옛 소련이 공격능력을 증진하기 때문에 프랑스도 정보능력을 높일 필요가 있었던 것이다. 프랑스의 첫 정찰위성은 1995년 7월에 발사된 엘리오스(Helios) 1호이며 해상도는 약 1m로 알려져 있다. 1999년 12월에는 엘리오스 1B 위성을 성공적으로 발사하여 현재까지도 운용중에 있는 것으로 알려져 있다. 전자광학과 적외선카메라를 탑재한 해상도 0.5m의 엘리오스 2호는, 2004년 12월에 준비행모델(비행모델과 동일한 사양)을 발사하였으며 현재 비행모델발사를 준비중이다. 그리고 2006년에는 독일과 합작으로 합성개구레이더를 사용하는 시리우스/호러스 위성을 발사할 계획이다.

이스라엘은 1995년 4월에 자국에서 개발한 새비트 로켓을 사용해 오펙 3호 위성을 발사했다. 초기에는 시험용 위성으로 알려졌으나 후에 2m의 고해상도 카메라시스템을 탑재한 정찰위성임이 확인됐다. 이어 1997년에 발사한 오펙 4호는 1m의 고해상도영상을 제공할 수 있는 군사정찰위성이었으나 발사에 실패했다. 이에 2002년 5월에는 오펙 5호를 성공적으로 발사하여 운영하였고, 2004년 9월에는 1억 달러 상당의 오펙 6호를 발사하였으나 새비트 발사체의 실패로 위성을 잃었다. 현재는 오펙 7호에 해당하는 전자광학카메라위성과 합성개구레이더위성을 개발 중이며 2006년에 발사할 예정이다.

최근 북한의 잠수정이 동해안에 침투한 사건이 있었다. 그런데 많은 사람들이 왜 정찰위성이 물속에 잠겨 있는 잠수함을 찾아낼 수 없는지 의문을 갖는 듯하다. 그 해답은 현재 쓰고 있는 전자광학카메라나 합성개구레이더와 같은 시스템으로는 아직 물속 깊이 있는 물체를 인식할 수 없다는 데 있다. 다만 항구에 정박해 있는 잠수정이 장시간 보이지 않을 때 침투를 의심해 대비할 뿐이다.

우리나라는 아직 영상정찰위성을 보유하지 못했다. 그래서 일본과 마찬가지로 필요한 정보를 미국의 첩보위성(고급형 KH-11)으로부터 받고 있다. 1998년 초 일본은 국가재난에 대비한다는 명목으로 고해상도 정찰위성의 개발을 추진했으나, 미국의 반대로 실현되지 못하다가 1998년 8월 북한의 대포동 미사일 발사를 계기로 자국의 정보체계를 지킨다는 명분하에 전자광학카메라를 탑재하는 위성 2기 및 합성개구레이더(SAR: Synthetic Aperture Radar)를 탑재하는 위성 2기 등 도합 4기의 정보정찰위성을 발사하였으나 2기는 발사체 H-IIA의 실패 (2003년 11월)로 인하여 현재 2기의 위성만 활동 중이다. 추가로 2기의 위성은 2006년도에 발사 예정이다.

군사용 정찰위성과 숨은 이야기

철저하게 비밀을 유지해야 하는 첩보위성은 아마추어 천문가들 때문에 간혹 곤욕을 당한다. 갈수록 대형화되는 아마추어 천문용 망원경으로 첩보용 인공위성도 목격되기 때문이다.

일단 첩보위성의 존재가 대중에게 알려지면 미국 국가정찰국은 그 코드 명칭을 바꾸는 것을 정책으로 삼고 있다.

미국의 영상정찰위성은 코로나/디스커버러 시리즈(KH-1)로부터 계속해서 개발돼 왔으나 상호보완적인 위성이나 중복적인 위성의 개발 때문에 수년 동안 코드 명칭은 매우 혼돈스러웠다. 예를 들어 KH-2, 3, 4의 개발기간 중에 이를 보완하기 위해 KH-5의 발사가 이뤄졌는데, 이 위성의 코드 명칭은 코로나/디스커버러 시리즈가 아닌 '아르곤'으로 정해졌다. KH-11위성의 코드 명칭은 원래 '키넌'이었으나 『딥 블랙 *Deep Black*』이라는 책에 이 위성의 존재가 알려지면서 '크리스털'로 변경됐다. 일반적으로 KH 뒤의 숫자는 사용된 카메라의 형식에 따라 붙여진다.

코로나/디스커버러의 영상은 러시아 전략미사일의 현황을 파악할 목적으로 촬영됐다. 또 전 세계를 포괄하는 영상은 국방부를 위한 지도를 만드는 데 이용됐다. 이러한 군사목적의 초기 영상들이 공개되면서 지난 30~40년 동안 전 세계의 환경변화과정을 해석하는 데 중요한 자료로 활용되기 시작했다. 지금까지 지구환경변화를 평가하는 데는 1972년부터 찍기 시작한 랜샛위성의 영상이 사용됐다. 그런데 군사위성은 1960년대부터 영상을 찍기 시작했으므로 1960~1972년 사이의 공백을 메워줄 수 있고, 게다가 랜샛위성과는 비교도 안될 만큼 정밀하기 때문이다. 환경과 거리가 먼 군사자료가 오늘날 순수과학과 환경변화를 연구하는 데 사용된다는 것은 대단한 아이러니다.

지구에서 일어나는 현상을 관찰하고 감시한다

지구관측위성은 기본적으로 물과 에너지의 순환, 태양의 변화, 대기의 화학반응, 지표면, 그리고 극지역의 얼음 등을 연구함으로써 이들이 기후에 미치는 영향과 환경의 변화를 예측하게 한다. 특히 우주로부터의 지구관측은 지표면이 얼마나 명확하게 동적으로 변화하는가를 보여 줄 수 있다. 위성의 영상은 도시나 농촌개발계획 입안자들에게 환경에 미치는 영향을 최소화하도록 도와준다. 삼림회사들은 다음 수백 년 동안 삼림이 잘 성장하도록 벌채와 식목을 하는 데 이러한 원격탐사데이터를 이용한다. 한편 농업에 종사하는 사람들은 토양과 수자원을 보존하는 정밀농업을 수행하기 위해 위성데이터를 이용한다.

해양의 바람은 작게는 작은 스케일의 파도로부터 대형스케일의 해류에 이르기까지 해양의 거동을 좌우하는 힘이기 때문에 이를 측정하는 것은 대단히 중요하다. 해양풍은 대기와 해양 사이의 열, 습기, 그리고 그린하우스 가스의 교환에 직접적인 영향을 미친다. 이러한 공기-바다의 교환은 지역의 기후 패턴을 결정하고 전 지구적인 날씨를 형성한다. 따라서 이러한 해양풍 데이터는 열대폭풍의 이동을 예측하는 능력을 키워 줄 수 있다.

해양관측 카메라를 이용하면 태양빛이 도달하는 해양표면 근처에 부유하는 플랑크톤을 색깔의 변화로 감지할 수 있다. 이는 해양의 건강상태와 화학반응을 알게 해 주며, 어군의 형성을 예측하게 하여 어부들의 고기잡이에도 도움이 된다.

오늘날 원격탐사기술은 가정과 직장에서 새로운 응용분야로 움직이게 하는 정보혁명을 주도한다. 이러한 정보의 필요성은 전자지도를 만드는 매핑(mapping)기술의 개발을 유도하고 있다. 최근에는 원격탐사위성을 활용한 고해상도영상사업이 미국 정부의 적극적인 지원과 방위산업체의 주도로 이루어지고 있다. 이러한 고해상도 첨단위성영상의 제한 없는 취득과 국제사업화는 조만간 지구촌의 영상정보 네트워크화를 가능하게 할 것이다. 고해상도와 고정밀도 영상에 의한 정보는 기존지도제작의 축척(縮尺)을 향상시킴은 물론 저해상도의 판독한계를 자동화, 수치화함으로써 우리 생활에 여러 가지의 응용분야를 창출시킬 것이다. 이에 대한 예는 다음과 같이 나열할 수 있다.

○ 약 2,400:1의 3차원 정밀 전자지도 제작(수직 지형지
   물도 포함)
○ 삼림의 정량적 관리 및 운용
○ 농산물 상황파악 및 경제성 유지
○ 도시계획 및 지적도 제작
○ 해양자원의 보호와 관리
○ 각종 재해와 같은 비상사태 상황관리 및 대비
○ 안보와 국방정보의 수집 및 관리
○ 통신시스템(기지국 설치 등)의 효율적인 운용 등

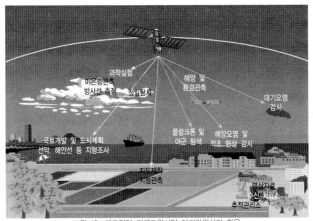

그림 10. 대표적인 저궤도위성인 아리랑위성의 활용

그림 10은 대표적인 저궤도위성인 우리나라 아리랑위성의 활용 예를 알기 쉽게 보여 주고 있다.

위에서 언급한 바와 같이 지구탐사위성인 미국의 랜셋 (Landsat)과 프랑스의 스풋위성은 다양한 파장에서 영상을 모은다. 이들은 농작물의 작황을 보거나 지구자원을 탐사하고, 지구환경과 지구의 변화를 연구하는 데 이용된다. 그 밖에도 IRS, JERS, 레이더셋(Radarsat), 그리고 우리나라의 한국항공우주연구원에서 미국의 TRW사와 공동 개발, 1999년 12월 21일에 발사하여 현재 운용중인 아리랑위성 1호 등이 지구관측위성에 해당한다. 지구관측위성은 고성능광역카메라나 CCD를 이용한 전자광학카메라 또는 합성개구레이더와 같은 최첨단

장비를 사용한다.

　1990년대 초 미 정부에서는 고해상도 위성영상에 대한 상용판매를 허용함으로써 각국에서는 1m급 상용고해상도 위성영상을 개발하여 영상의 상용화를 추진하기 시작하였다. 지리정보시스템(GIS)을 구축하기 위해 고해상도의 위성영상을 사용하는 것은 중요한 응용 중의 하나이다. 우리가 흔히 보는 지도는 25,000:1의 축척을 가진 2차원 선형지도지만, 1m급 위성영상을 활용하면 2,400:1의 3차원 전자지도를 만들 수 있다. 이 정도면 2m 이내의 정밀도를 지닌다.

　'고속철도의 길을 어떻게 낼까' 혹은 'PCS 기지국을 어디에 설치할까' 등의 일을 위해 지금까지는 사람이 일일이 측량을 해야 했다. 그러나 1m급 3차원 위성영상을 이용하면 컴퓨터 화면을 보면서 마우스로 클릭만 하면 된다. 3차원으로 이뤄져 있기 때문에 산과 같은 장애물을 쉽게 파악할 수 있고, 컴퓨터를 이용한 다양한 시뮬레이션을 해볼 수 있는 것이 장점이다.

　나무와 같이 일반 지도상에 표시되지 않는 것도 관리할 수 있다. 나무의 뿌리는 커가면서 가스관이나 배수관 등을 망가뜨리는데, 위성영상은 나무가 있는 곳을 파악함으로써 배관들의 위험성을 미리 알 수 있다. 수해가 날 경우에는 나기 전과 난 후의 상황을 위성영상을 통해 비교할 수 있기 때문에, 보험금을 산정해야 하는 보험회사나 피해액을 집계해야 하는 정부에 큰 도움이 된다. 물론 지진이나 화재 시에도 마찬가지다.

이처럼 1m급 위성영상은 도로건설, 재난관리, 농작물의 작황파악, 산림자원관리, 도시계획, 수자원관리 등 그 쓰임새가 많다. 시간과 인력의 효율성과 경비절감이라는 두 마리 토끼를 잡게 해주기 때문이다.

기상예측을 통해 인간생활을 윤택하게 하다

기상예측을 보다 정확히 하기 위한 방법을 시험·개발하기 위해 많은 기상위성이 개발되어 왔다. 미국의 티로스(TIROS: Television Infrared Observation Satellite)는 이러한 기상위성의 첫 번째 시리즈였다. 1960년부터 1969년 사이에, 즉 티로스 프로그램의 첫 두 세대 동안에 19기의 위성이 발사되어 기상예보, 특히 폭풍에 대한 조기경보를 하는 데 유용하게 사용되었다. 2세대 기상위성인 님버스(Nimbus)는 티로스위성보다 크고 복잡한 위성으로, 1964년 8월 님버스-1이 발사된 이래 1978년에 님버스-7이 발사되어 1993년까지 운용하였다. 1970년을 시작으로 4세대 티로스위성이라 할 수 있는 노아(NOAA)시리즈 위성이 발사되었다. 극궤도 위성인 노아위성들은 하루에 두 번 전 지구를 살필 수 있고 기후영상과 대기의 습도, 눈, 얼음, 그리고 대기와 해상의 온도에 관한 데이터를 제공하고 있다.

기상을 계속해서 관측할 수 있는 다른 형태의 위성이 필요하게 되어 개발한 것이 고도 35,786km의 정지궤도 기상위성이었다. NOAA에 의해 운용된 첫 번째와 두 번째 고스(GOES: Geostationary Operational Environmental Satellites)는 1974년 5월과 1975년 2월에 각각 발사되었다. 고스-5호(미국 동부 해안 상공에 위치)와 고스-6호(태평양 상공에 위치)는 1980년 초에 발사되었고, 각 위성은 지구표면의 1/3을 커버하고 있다. 1994년에는 열과 습도를 측정하고 기후패턴을 영상화할 수 있는 진보된 탑재계기를 실은 고스-9호가 발사되어 현재 운용 중에 있고, 1997년에는 고스-10호가 발사되었다.

1977년부터 일본은 GMS(Geostationary Meteorological Satellite) 시리즈, 그리고 유럽우주기구는 메티오셋(Meteosat) 시리즈의 기상위성을 발사하여 구름형성을 관측하고 대기의 이동을 측정하고 있다.

그동안 일본, 미국 및 유럽국가연합의 협조 하에 세계기상 기구(WMO: World Meteorological Organization)의 세계기상감시계획의 일환으로 전 지구의 기상위성시스템을 확립하려는 국제적인 노력이 진행되었다. 현재는 정지궤도 기상위성과 극궤도 기상위성이 하나의 시스템으로 운용되어 어느 나라도 무료로 기상데이터를 받을 수 있다.

기상위성은 기상예보와 보고시스템에 대한 틀을 제공한다. 즉, 기상위성의 데이터를 분석하면 열대폭풍, 홍수, 허리케인, 태풍 그리고 산불이 언제 어디서 일어날지를 예측할 수 있으므로 불행에 대비하거나 피할 수 있는 시간을 벌 수 있게 된다. 사전 기상정보는 언제 파종을 하고 수확하며, 눈이나 폭풍에 의한 파괴를 막을 수 있도록 해 준다. 또한 정확한 기상정보를 얻음으로써 엔지니어들은 다리, 고속도로 및 댐 등과 같은 대형공사 건설의 최적시기를 결정할 수 있다.

기업도 이제 기상예측을 잘못하면 하루아침에 망해버릴 수 있다. 이를테면 '금년 겨울에는 추위가 별로 없을 것'이라 예상되는데 그것도 모르고 방한용 옷을 산더미로 만들어 놓고 있다면 그 회사의 미래는 뻔할 것이다. 이러한 기상에 대한 정보의 요구는 지구의 환경파괴와 밀접한 관계가 있다. 무서운 속도로 환경이 파괴되면서 전 세계 기후에는 상상도 할 수 없는 큰 변화가 발생하고 있다. 엘니뇨(El Nino) 현상과 그로 인한 끔찍할 정도의 기후 변화(가뭄, 홍수, 폭우, 태풍 등)가 그런 것들이다. 엘니뇨는 2~5년 주기로 태평양에서 발생하는 기후 변화 현상으로 알려져 있다.

재앙으로까지 야기되는 기상이변 시대에 국가와 기업이 살아남는 길은 '누가 먼저 정확하게 기상예측을 하느냐'에 달려 있다고 해도 과언이 아니다. 세계적으로 유명한 미국의 곡물 중개업 회사인 스미스 바니는 자체의 기상관측위성까지 띄워 놓고 지구 구석구석의 기상을 관측하고 있다. 전 세계에서 일하고 있는 이 회사 소속 1,200명의 중개업자들은 여기서 나오는 관측 자료를 바탕으로 곡물을 사고판다.

이렇듯 정확한 기상관측은 미래를 준비함에 있어 기업은 물론 국가를 위해서도 가장 중요한 역할을 하고 있다.

인공위성의 운용에 관한 질문들

인공위성, 어떻게 우주에 올라가나?

로켓을 사용하여 직접적으로 35,786km 고도의 정지궤도까지 올라간다는 것은 불가능하다. 먼저 발사체의 1단과 2단 로켓을 사용하여 약 200~300km 상공의 원형주차궤도에 오르고, 3단 로켓인 근지점엔진을 사용하면 200km의 원형궤도에서 속도를 주어 근지점이 200km이고 원지점이 35,786km인 타원형의 천이궤도(정지궤도에 오르기 위한 중간단계의 궤도)를 그리게 된다. 일단 천이궤도에 진입한 위성은 추가의 동력 없이 케플러 법칙에 따라 관성만으로 지구주위를 돌게 된다. 이후 위성이 원지점(35,786km)에 도달했을 때 보통 위성에 탑재

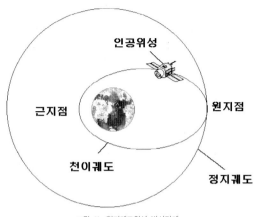

그림 11. 정지궤도위성 발사단계

되어 있는 원지점엔진을 점화하여 원형의 정지궤도에 들어선
다. 일단 정지궤도에 오르면 위성은 태양전지판을 전개해서
요구되는 전력을 공급받고 안테나, 계기 등을 지구로 향하게
하여 통신을 수행할 수 있게 한다. 정지궤도에 위성이 진입하
기까지에는 다음과 같은 단계가 있다(그림 11).

① 상승: 지표면에서 발사하여 약 200~300km의 고도인
저고도 원형 주차궤도 또는 근지점 근방까지 비행한다.
② 주차궤도: 주차궤도에 도달하면, 위성은 근지점엔진
점화 준비를 위한 근지점까지 상승한다. 발사에서 근
지점까지는 약 30분 이하가 소요된다.
③ 근지점엔진 점화: 근지점에 도달하면 근지점엔진을
점화한다.

④ 천이궤도: 주차궤도에서 천이궤도로 진입한다.

⑤ 원지점엔진 점화: 천이궤도의 원지점에서의 속도는 약 1.7km/sec로 원지점에 도달하면 원지점엔진을 점화한다.

⑥ 표류궤도: 위성이 지정된 위치로 들어가기 전 시스템이 제대로 동작하는지를 확인하기 위해 표류궤도로 진입한다.

⑦ 운용궤도: 위성 추진 시스템을 사용하여 표류궤도에서 원형적도정지궤도로 진입한다. 이때 정지궤도(원형궤도)에서 요구되는 속도는 3.07km/sec이다.

인공위성의 운용은 누가, 어떻게 하나?

위성지상국은 위성의 수명 동안 위성관제 및 위성데이터의 수신국의 역할을 수행한다. 관제국의 활동은 임무계획 설정, 운용시간표 작성, 명령 작성, 명령 셋 작성, 상향명령 전송, 원격측정자료 수신, 거리측정(ranging) 기능 수행, 원격측정자료 분석 등의 정상운용과, 위성이 비정상 상태에 돌입했을 때 이의 해결을 위한 비정상상태 운영을 모두 포함한다. 위성이 일단 임무궤도에 진입하면 관제국이 지상과 위성의 매개역할을 수행하여, 위성운용에 관한 모든 활동은 지상관제국을 통해서만 수행될 수 있다. 위성과 관제국은 실패를 방지하기 위해 각각 철저한 시험을 통과한 후 궤도로 발사되거나 지상에 설치된다.

이러한 위성운용은 철저한 사전준비와 위성 및 지상운영에 대한 지식으로 이루어진다. 또한 예측가능한 정상운용에 대해서는 많은 준비가 이루어질 수 있으나, 위성운용 중 언제든지 발생 가능한 비정상 상태는 이의 발생 시 관제에 관련된 모든 인원들의 팀워크와 해결방안으로 해소될 수 있다. 관제운영은 관제국 시스템 완성과 동시에 끝나는 업무가 아니므로 운영 중에 일어나는 문제해결에 관한 자원을 확보하고, 이에 대한 사전 교육을 전체 운영관련 인원에게 실시할 필요가 있다.

위성 관제국의 구성 요소

일반적으로 관제국의 구성은 4개의 서브시스템으로 구성되며 각각 위성운용서브시스템, 임무계획서브시스템, 시뮬레이터 서브시스템, 원격추적 및 명령(telemetry, tracking & command) 서브시스템으로 구성된다.

위성운용서브시스템은 위성에서 내려온 원격계측자료를 표시하고 분석할 수 있으며, 위성에 올릴 명령을 작성하여 안테나로 전송할 수 있다. 또한 원격계측자료나 명령은 모두 필요한 시기 동안 저장되고, 관제국에서 사용하는 모든 자료는 데이터베이스로 저장되어 사용된다.

임무계획서브시스템은 위성을 운용하기 위한 최상위의 요구조건을 위성데이터를 활용하는 최종사용자로부터 받아 위성운용에 사용할 수 있는 언어로 변환한다. 위성운용에 앞서 관제국운용계획과 위성운용계획을 작성하며, 필요에 따라서 위성의 궤도, 자세, 연료량 등을 확인하는 것도 이 서브시스템의 역할이다.

임무계획서브시스템은 궤도, 자세 제어 등의 전문가의 지원을 받아 임무계획표를 작성하는 일을 한다. 시뮬레이터서브시스템은 위성과 유사한 기능을 가지도록 소프트웨어로 만들어진 것으로, 위성의 전력계, 자세제어계, 원격계측 및 명령계, 열제어계를 워크스테이션에 설치한 후 필요한 명령을 위성에 직접 보내기 전에 시뮬레이터를 통하여 검증한다. 또한 위성 운영에 관련된 사람들의 교육을 담당하기도 한다.

원격계측 및 명령서브시스템은 우주공간에 위치한 위성에게 명령을 전송하고 위성에서 오는 원격계측자료를 수신하기 위한 기능을 제공한다. 즉, 통신 주파수를 변환이 가능한 중간 주파수(intermediate frequency) 및 기저(baseband) 신호로 바꾸며, 또 그 역의 기능을 수행한다. 또한 위성의 정확한 위치를 알기 위하여 거리측정과 지상과 위성 사이의 각 추적을 수행한다. 이 서브시스템은 크게 안테나, RF장비, 변조 및 복조(modulation & demodulation)장비, 거리측정장비, 추적장비 등으로 구성된다.

관제국의 접속은 크게 내부접속과 외부접속으로 이루어진다. 내부접속은 4개의 서브시스템 간의 접속으로 시스템개발단계에 정의되고 시험기간을 거친 후 운영에 사용된다. 외부접속은 내부접속보다 정의하기가 복잡하며 크게 위성체와의 접속, 수신국과의 접속, 외부 지상국과의 접속으로 나뉜다. 그림 12는 아리랑위성 지상관제국의 사진이다.

그림 12. 아리랑위성 지상관제국

위성수신국의 구성요소

위성자료수신/처리국의 주 임무는 위성탑재체가 관측한 자료를 수신, 처리하여 저장하고 사용자들에게 분배하는 것이다. 여기서는 아리랑위성의 자료수신처리시스템을 살펴보자.

아리랑위성의 자료수신처리시스템은 크게 자료수신시스템과 자료처리시스템의 두 가지로 나누어진다. 자료수신시스템은 다시 크게 자료수신서브시스템, 자료전단처리서브시스템의 두 가지로 구분된다. 자료처리시스템은 자료처리서브시스템, 부가가치물생성 서브시스템의 두 가지 서브시스템으로 이루어져 있고, 자료처리서브시스템 내에는 아리랑위성의 주 임무를 수행하기 위한 자료수집계획 서브시스템과 위성의 자료를 데이터베이스화하고 저장하는 자료저장 및 분배 서브시스템도 포함되어 있다.

수신국은 아리랑위성, 관제국, 기상 정보 및 외부사용자와 긴밀하게 정보 및 자료를 주고받을 수 있도록 연결되어 있다. 수신국은 위성탑재체인 카메라로부터 영상자료를 수신하고, 관제국은 수신국과 과학 탑재체(HEPD, IMS)의 자료, 보조자료, 안테나조종자료, 스케줄요구, 임무일정 등을 주고받는다. 그 외에 수신국은 카메라영상을 처리하기 위한 기상자료를 인터넷을 통해 받으며, 외부사용자들로부터의 요구와 위성으로부터 수집된 영상을 외부사용자에게 전달하는 역할을 수행하게 된다. 수신 시스템을 구성하는 모든 장비와 컴퓨터는 고속 에더넷망(fast ethernet)에 의해 연결되어 관리되며, 외부사용자들을 위한 웹서버도 운영한다.

인공위성의 실패는 어떻게 발생하나?

1957년 세계 최초의 인공위성인 옛 소련의 스푸트니크 1호가 발사된 이래 세계 각국에서 5,000여 기 이상의 위성이 발사되었다. 그동안의 세계 위성발사 실태를 보면 많은 실패가 있었다. 물론 지난 40여 년 동안 발사체 및 위성의 기술에 있어서 엄청난 발전이 있었으나, 현재에도 위성의 임무실패확률은 20% 가까이 이른다. 인공위성의 실패는 발사뿐만 아니라 그 이후의 여러 이상현상에 의해 발생할 수 있다. 아래는 위성의 실패를 운행단계에 따라 분류한 것이다.

○ 발사 중 로켓 실패 (궤도진입 실패 또는 발사 실패)
○ 초기운용 기간 중 위성의 실패
○ 정상궤도 운용 중의 실패

특히 우주개발의 초기에는 발사체로켓기술의 한계로 인해 로켓의 실패가 많았으나 최근에 들어서는 초기운용 중의 위성 실패가 급증하는 추세이다. 초기운용기간은 발사 후 3개월 정도의 기간으로 위성은 그 기간 중 추진시스템을 이용하여 정상궤도에 진입하고 자세를 제어한다. 또한 접힌 채로 발사된 태양전지판을 전개하고 예정된 방향으로 지향시킨다. 발사가 성공적이었던 위성이 실패하는 경우는 이상현상을 겪었을 때로, 이 이상현상이란 위성체의 서브시스템인 전력계, 자세제어계, 열제어계, 통신계, 원격계측 및 명령계 등에 걸쳐서 일어나는 위성의 고장상태를 포괄적으로 의미한다. 이상현상의 정도에 따라 위성은 자체기능을 완전히 상실하여 임무수행을 포기하거나, 한 기능은 정지하고 다른 임무를 수행한다든지 또는 이상현상이 해결되어 정상화되기도 한다.

인공위성의 실패원인으로는 다음과 같은 몇 가지를 들 수 있다. 먼저 위성 혹은 발사체의 설계 및 제작과정에서 요구조건을 잘못 잡았거나, 그 요구조건을 만족시키지 못함으로써 위성과 발사체에 이미 결함이 있었던 경우이다. 또 다른 원인으로 운용기간 중 위성에 잘못된 명령이 보내졌을 경우도 있다. 그러나 위성이 고장을 일으켜 실패하는 가장 큰 원인은 우주환경에 의한 것으로, 여기에는 태양풍, 우주선(GCR), 밴 앨런대에 포획된 입자들이 해당한다.

인공위성은 다양한 요인에 의해 실패할 수 있다. 따라서 각 실패사례의 정확한 분석을 통하여 문제가 발생하면 신속하고 정확하게 대처할 수 있도록 하여야 한다.

인공위성의 수명, 어떻게 결정되나?

일단 지상에서 개발이 완료된 인공위성은 발사장으로 보내져 발사체(로켓)에 실려 원하는 궤도로 올려진다. 대부분의 위성발사용 발사체는 2단에서 4단으로 구성되어 있고, 발사체의 가장 윗부분인 페어링 안에는 위성이 내장되어 있어 원하는 궤도에서 위성을 분리시킬 수 있다. 일단 위성과 발사체가 분리된 다음에는 위성을 안정화시키고 전력생성을 위해 태양전지판을 전개하며, 위성체 및 안테나를 지구방향으로 향하게 한다.

초기의 수 주 또는 수 개월 동안은 탑재체(통신 중계기 또는 카메라 등의 계기) 및 위성본체에 대한 궤도 내 시험을 수행하여 발사 시 겪었던 강한 진동 등에 의해 위성체에 어떤 잘못된 기능이 발생하였는지를 확인하게 된다. 그리고 탑재체가 전자광학 카메라와 같은 정밀센서일 경우에는 이에 대한 보정을 수행하여야 하며, 이들 궤도 내 시험에 의해 위성체가 정상적으로 작동되는 것이 확인되면 비로소 실제 임무를 수행하게 된다. 예를 들어 무궁화위성 1/2호와 같은 통신방송위성은 궤도 내 시험에 약 3개월 정도가 소요되고, 아리랑위성의 경우는 약 6~8주, 우리별 위성과 같은 극소형위성은 약 3~4주 정도가 소요된다.

통상 최근에 개발된 위성의 수명은 중대형 정지궤도위성의 경우 약 12~20년 정도, 저궤도위성의 경우에는 3~7년 정도라고 보면 된다. 정지궤도위성의 경우에 연료의 80% 이상을 북/남 위치유지(정지궤도에서 태양이나 달의 인력에 의해 위성은 남북으로 기울어지려는 경향이 있음)에 사용하기 때문에 얼마나 충분한 연료를 싣고 있는가에 따라 위성수명이 결정된다. 고도 500~1000km의 저궤도위성의 경우에는 궤도보정, 자세제어나 반작용 휠 등의 모멘텀 덤핑(반작용 휠이 요구되는 정속 속도보다 빠른 속도로 회전할 때 반대 방향으로 토크를 주어 회전속도를 감속시키는 현상) 등에 아주 제한적으로 연료를 소모하기 때문에 실제 연료소모량은 매우 적다. 따라서 저궤도위성의 수명은 연료량에 의해 결정되는 것이 아니라 배터리가 얼마나 많이 충·방전을 할 수 있는가에 달려 있다고 할 수 있다. 또한 전력을 생성하는 태양전지셀은 우주의 복사환경에 의해 계속 성능이 저하되는데, 이러한 태양전지셀이 그 수명의 말기에 얼마나 위성이 필요로 하는 전력을 얼마나 생성하

는가, 또는 전자부품의 소자가 복사환경에 의해 얼마나 성능
이 저하 되는가 등도 저궤도위성의 수명을 좌우하는 요소에
해당한다.

우리나라의 인공위성에 대한 궁금증

우리나라 인공위성의 개발능력은 어디까지인가?

우주개발 능력은 경제력, 과학기술력 등 한 나라의 총체적 국력을 대외적으로 가늠하는 상징적인 척도가 되고 있다. 우주개발은 크게 위성체 분야, 발사체(로켓) 분야 그리고 우주이용 및 우주과학 분야로 나눌 수 있으며, 여기에서는 우리나라의 우주개발사업 중에서 인공위성 분야의 기술수준과 개발능력이 어느 정도이고, 또한 세계 수준에 비추어 어느 정도 수준에 와 있는지를 살펴보자.

현재 우리나라 인공위성 분야의 기술수준은 미국, 러시아, 유럽국가연합(프랑스, 영국, 독일, 이태리 등), 일본, 캐나다 등

의 선진국은 물론 인도, 이스라엘, 브라질, 인도네시아 등의
후발 우주개발국가보다도 시작이 늦어 낙후되어 있다. 그러나
1990년대에 들어 소형실험위성인 우리별 1, 2호의 발사 및 운
용, 통신방송위성인 무궁화위성 1, 2호의 발사 및 운용 등으로
본격적인 위성시대로 진입했다고 볼 수 있다. 특히 1999년은
우리나라 위성산업의 한 단계 도약을 위한 전환의 해였다. 5
월 인도의 PSLV발사체를 이용하여 우리별 3호(한국과학기술원
의 인공위성연구센터 주관 개발)를 성공적으로 발사하여 운용한
바 있고, 9월에는 무궁화위성 1호를 대체하는 멀티미디어 통
신/방송위성인 무궁화위성 3호가 성공적으로 발사되어 통신
및 방송서비스를 제공하고 있다. 한편 한국항공우주연구원이
미국의 TRW사와 공동으로 개발한 우리나라 최초의 실용급
지구관측위성인 다목적 실용위성(아리랑위성) 1호가 미국의 토
러스 발사체에 의해 1999년 12월 성공적으로 발사되어 2005
년 현재까지도 전자광학 카메라로부터 촬영한 6.6m의 고해상
도영상을 성공적으로 보내오고 있다.

현재까지 국내에 축적된 위성기술은 대형 통신방송위성인
무궁화위성 1, 2, 3호 개발(한국통신 주관)을 통한 일부 부품의
국내제작기술 정도이나, 1994년부터 시작된 아리랑위성 1호
의 개발(한국항공우주연구원 주관)은 미국의 TRW사와 공동개
발 형식으로 추진되어 우리나라 위성개발 기술수준을 한 단계
올려놓는 계기가 되었다.

원래 아리랑위성 개발의 주 목적 중 하나는 국내 위성수요

의 자체조달 및 해외시장 진출의 기반조성을 위한 위성 국산화기술 확보였다. 항공우주연구원은 1999년부터 아리랑위성 1호 개발 시 축적한 기술, 시설 및 인력을 바탕으로 세계적으로도 첨단 지구관측위성인 해상도 1m의 고해상도영상위성시스템인 아리랑위성 2호를 국내주도로 개발 완료하여 2006년에 발사할 예정이다. 또한 최근 위성을 통한 인터넷 서비스 및 양방향 멀티미디어 서비스의 수요증가와 함께 한국통신에서는 2006년에 무궁화 5호 위성을 발사할 예정이며 현재 프랑스의 알카텔(Alcatel)사에 의해 개발 중이다.

신뢰도나 부품품질 면에서 실용급 위성의 개발개념과는 차이가 있지만, 우리별 1, 2, 3호 및 과학기술위성 1호 개발(과학기술원의 인공위성연구센터 주관)을 통해 마이크로급의 실험위성 독자개발의 기술도 축적되었다. 인공위성연구센터는 현재 국내 최초의 발사체인 KSLV-1의 탑재체로 사용할 과학기술위성 2호를 개발 중에 있으며, 2007년 중반에 발사될 예정이다.

현재 국내 전반의 위성개발 기술의 수준은 분야에 따라 차이가 있으나 소형위성(약 1,000kg 이하)을 국내주도로 개발할 수 있는 잠재력은 충분히 보유하고 있다고 판단되고, 특히 일부 정밀기계 및 전자분야 제조기술은 국제적으로도 인정을 받고 있다. 그러나 아직은 설계기술, 높은 신뢰성을 갖는 초정밀 제작기술 및 시험기술 등에서 해결해야 할 문제가 있다고 본다. 따라서 우리나라의 전반적인 위성 기술수준은 본체 부분에서는 선진국 대비 약 80~90%의 기술능력을 보유하고 있으나, 고해상도 위성카메라와 같은 영상 탑재체의 기술은 선진국 대비 30~40% 정도를 보유하고 있어 독자적인 개발을 위해 기반기술에 대한 연구개발이 필요한 상황이다.

우리나라 인공위성의 개발계획은?

정부는 2005년을 우주개발 원년으로 정했다. 2005년 5월에는 '우주개발진흥법안'이 국회를 통과함으로써 우리나라도 실질적으로 국가적 차원에서 우주개발의 의지를 공식화한 셈이다. 우리나라는 지난 1996년 세웠던 국가우주개발 중장기계획을 기반으로 하여 우주개발에 대한 국가적 차원의 정책추진 방향과 함께 단계별 기술개발 분야 및 전략을 도출해 왔다. 그러나 지난 10여 년 동안 국내외 우주개발 환경과 국가의 전략적, 공공적 수요를 고려하여 세 차례의 계획수정이 있었다. 2005년에는 중기계획과 장기계획을 별도로 수립함으로써 보다 유연성 있는 국가우주개발계획이 되도록 하였다.

우리나라의 우주개발은 크게 인공위성과 발사체(우주센터 건설 포함) 개발로 나눌 수 있는데 여기서는 인공위성 개발 현황 및 계획만을 다루도록 하겠다.

현재 우리나라 국적의 인공위성은 무궁화위성 1호, 2호, 및 3호와 우리별위성 1호, 2호 및 3호, 과학기술위성 1호, 아리랑위성 1호 등 총 8기이다. 한국과학기술원 인공위성연구센터에서 주관하여 개발한 소형실험위성인 우리별위성 1호와 2호는

1992년과 1993년에 각각 발사하여 성공적으로 운용하였다. 순수한 국내기술로 개발된 우리별위성 3호는 1999년 5월 인도의 PSLV 발사체를 사용하여 성공적으로 발사, 운용하였다. 2003년 9월 러시아의 코스모스 발사체에 의해 발사된 과학기술위성 1호는 성공적으로 우주과학임무를 수행하였다. 우리나라 최초의 통신방송위성인 무궁화위성(한국통신 위성사업단 주관)은 1995년 8월과 1996년 1월에 각각 1호기와 2호기가 발사되어 운영되었고, 1호 위성은 델타Ⅱ 발사체의 고체로켓부스터가 주 엔진으로부터 분리하지 않아 예정된 궤도보다 낮은 궤도에 들어가 운용궤도로 진입시키기 위해 상당한 양의 위성 탑재연료를 소진하여 2000년 초에 위성의 수명이 끝났다. 그후 무궁화위성 3호가 아리안Ⅳ 발사체에 의해 1999년 9월 성공적으로 발사되어, 1호기를 대체하여 2000년 초부터 통신 및 방송서비스를 제공하고 있다. 무궁화위성 3호는 초고속인터넷 및 광대역 멀티미디어 서비스가 가능한 최첨단 통신방송위성으로 서비스 제공지역도 한반도 지역에 국한된 1, 2호 위성과 달리 가변 빔 안테나를 이용하여 동남아 지역까지 서비스범위를 확대하여 이 지역 내 초고속 멀티미디어 및 위성방송 수요를 충족하게 된다.

앞서 언급했듯 아리랑위성 1호는 1999년 12월 21일에 미국의 토러스 발사체에 의해 성공적으로 발사되어 운용되고 있다. 이 위성은 6.6m의 해상도를 갖는 영상을 생성할 수 있는 카메라와 전 세계의 해양을 관측할 수 있는 해양관측 카메라를 싣고 있어, 3차원 전자지도 작성 및 해양오염상태나 어군 탐지에도 활용된다.

2005년 현재 우리나라는 '2007년 국내 최초로 우리의 위성 (과학기술위성 2호)을 우리의 발사체(KSLV-1)로 우리 땅(나로 우주센터)에서 발사한다'는 목표 아래 100kg의 마이크로위성 인 과학기술위성 2호를 개발 중이며, 2006년에는 1m급의 고 해상도 위성카메라를 장착한 아리랑위성 3호를 러시아의 로 콧 발사체에 의해 발사할 예정이다.

한편 정부는 항공우주연구원, 전자통신연구원, 기상연구원, 해양연구원 및 국내 기업들을 통해 2003년부터 정지궤도위성 인 통신해양기상위성(COMS)의 개발을 추진하고 있다. 이 통 신해양기상위성은 기상예보 및 한반도 주변의 해양관측 등을 위한 것으로, 국내 최초로 정지궤도위성의 기술을 획득한다는 목표를 갖고 관련 엔지니어를 프랑스의 아스트리움(Astrium)사 에 파견, 공동개발을 통해 기술습득을 추진하고 요구되는 임 무의 위성개발을 추진할 예정이다.

우리나라는 우주개발 중장기계획에서 '우주산업의 세계시 장 진출을 통한 세계 10위권의 선진우주국에 진입' '핵심우주 기술개발로 독자적 우주개발능력 확보' '우주공간의 영역 확 보 및 우주활용으로 국민 삶의 질 향상' '성공적 우주개발을 통한 국민의 자긍심 고취' 등을 장기계획의 목표로 설정하였 다. 표 4는 우리나라 인공위성 개발 중기계획이다.

대분류	소분류	96	97	98	99	00	01	02	03	04	05	06	07	08	09	10
정지궤도 위성(2기)	통신해양기상위성													발사	착수	6호 착수
	정지궤도 북한위성															
대무적실용 위성(7기)	전자광학관측				1호						2호			5호	3호	7호 착수
	SAR 관측											3A 착수				
	광역관측															3호 착수
과학위성 (4기)	우주별위성				3호				1호				2호			3호
	과학기술위성															
위성체 기술개발	위성체/탑재체기술															
	위성자료처리기술															
	위성자료이용기술															
	통신방송탑재체기술															

표 4. 우리나라의 인공위성 개발 중기계획

우주, '뉴테크'의 보고(寶庫)

21세기의 산업구조는 각종 첨단기술들이 결집된 고부가가치산업 위주로 재편될 것이다. 국제경쟁력의 확보는 신기술의 개발여부에 따라 결정되므로 국가 간 우주개발경쟁에 불이 붙을 것은 당연하다. 치열한 경쟁 속에 우주탐험과 우주의 상용화는 21세기를 20세기보다 훨씬 발전된 우주시대의 장으로 만들어 갈 것이다. 결국 21세기가 끝나기 전에 우주산업은 가장 각광받는 비즈니스의 하나가 될 것으로 예상된다.

우주 르네상스

우주는 지구를 바라보는 데 있어 새로운 시각을 제시하고 있다. 이런 관찰은 패러다임의 변화까지 경험할 수 있도록 해주기 때문에 획기적인 변화를 유도할 수 있다. 르네상스 시대의 유럽인들이 세계를 전혀 새로운 시각으로 바라보았듯이 21세기 인류는 우주개발로 전혀 다른 세계관을 경험할 것이다.

어쩌면 우리는 '우주 르네상스 시대'의 초입에 들어와 있는지도 모른다. 현재 우주가 인간에게 제공하고 있는 가장 위대한 자산 중의 하나인 지구촌 위성통신은 우주 르네상스를 알리는 서막에 불과하다.

우주전력

21세기에 우주공간을 이용하는 우주 신기술로는 어떤 것이 있는지 알아보자. 우주는 인류에게 무한한 자원을 제공하게 될 것인데, 그 중에서도 지구에 필요한 에너지를 제공할 우주 태양광 발전소나 우주원자력 발전소의 건설은 2050년쯤 실현될 것으로 예견된다.

2050년쯤 지구에 필요한 전력량은 얼마나 될까? 이 문제의 해결을 위해서는 엄청난 크기의 발전소가 필요할 것이다. 그만큼 위험해지고 환경파괴를 유발할 수 있다는 이야기이다. 그러나 우주태양광 발전소나 우주원자력 발전소는 이 문제를 말끔히 해결할 수 있다. 우주태양광 발전의 개념은 우주공간에서 태양에너지에 의해 생성된 전력을 저밀도의 마이크로파 빔으로 변환(변화효율 80~90%), 지구로 송전한다는 것이다.

고도 35,786km인 정지궤도상에서 생성된 전기에너지를 지구
상으로 전송하는 방법에는 크게 두 가지가 검토되고 있다. 하
나는 마이크로파를 이용하는 것이고, 다른 하나는 레이저 전
송시스템이다. 이 빔은 지상의 초대형 수신안테나에 의해 수
신돼 다시 전기에너지로 환원된다.

마이크로파는 구름이나 대기권을 관통해 에너지를 전달할
수 있기 때문에 레이저보다 실용성적이다. 무엇보다도 일반인
들은 마이크로파(전자파)하면 마이크로웨이브 오븐(전자레인지)
을 생각할 것이며, 이의 유해성에 대한 상상을 할 것이다. 실
제 최근의 연구결과는 전자파가 인간의 몸에 해롭다는 결론으
로 가고 있다. 그러나 마이크로파를 이용해 지구로 송전할 경
우 안전기준을 만족한다 할지라도(단위 면적당 전력량이 태양
빛의 그것에 비해 작음) 그것이 생명체와 생태계에 어떠한 영향
을 미칠지에 대해서는 아직 충분한 검토사례가 없다.

의약 개발

우주는 중력이 거의 존재하지 않으며 압력도 거의 없는 진
공상태이다. 공기가 없기 때문에 대류현상도 없다. 이런 환경
에서는 물질에 전기를 걸어 불순물이 전혀 없는 높은 농도의
순수물질을 분리할 수 있기 때문에 지구상에서 제조가 불가능
한 의약을 개발할 수 있을 것으로 예상된다.

다가오는 우주무기 시대

　"2020년 9월. 적군이 공격용 미사일에 연료를 채우는 장면을 미국의 정찰위성이 포착했다. 미국 우주사령부 상황실의 전자 지도에는 적군의 기지를 나타내는 부분에 빨간 불이 들어왔다. 우주사령부는 즉각 이를 정부에 알리고 공격 승인과 대륙간 탄도탄(ICBM) 요격위성의 전투태세 돌입을 요청했다. 잠시 후 적군은 10기의 ICBM을 차례로 발사했다. 그러나 세 번째 미사일부터는 웬일인지 고장을 일으켜 발사하지 못했고, 앞서의 두 기는 발사하자마자 번쩍이는 섬광과 함께 페르시아 만에 추락했다.

　다음날 미국 국방부 대변인은 "특수 전자기파 공격으로 적군의 미사일 통제 시스템을 무력화시켜 대부분 발사되지 못했으며, 발사된 두 기는 요격위성이 레이저로 떨어뜨렸다"고 발표했다."

　SF영화의 줄거리가 아니다. 미국이 2003년 2월 콜로라도주 슈리버 공군기지에서 실시한 '우주전쟁 시뮬레이션'의 가상 시나리오다.

　미국에서는 2001년 9·11 테러 후 우주무기 옹호론자들이 지구상의 모든 곳을 감시하고, 공격할 수 있는 위성무기를 개발해야 한다고 목청을 드높이고 있다. 덩달아 러시아·중국 등 강대국들도 재래식 무기개발의 예산을 축소하고 우주무기의 개발에 큰 힘을 쏟고 있다. 때문에 앞으로 15년쯤 뒤면 위성무기들이 실제 전쟁에 등장할 것으로 예상된다.

현재 구상하거나 개발 중인 위성무기는 크게 미사일 요격용과 위성무기를 격파하는 이른바 '킬러위성'의 두 가지로 나뉜다. 미사일 요격위성에는 레이저를 쏘는 방식의 것과 탄환을 쏘는 방식의 것이 있다. 수백~수천km 떨어진 미사일을 레이저로 요격하려면 엄청난 에너지가 필요하지만 많은 에너지를 내는 장치는 무거워 위성에 실을 수 없다. 그래서 고안해낸 것이 '화학레이저'로, 두 가지 물질의 화학반응 시 나오는 에너지를 이용하는 것이다. 미국은 현재 '알파-고에너지 레이저'라는 화학 레이저를 탑재한 위성을 개발 중이다(그림 13). 또 지상에서 쏜 고에너지 레이저를 특수거울로 반사시켜 미사일을 요격하는 '거울위성'도 개발하고 있다.

탄환으로 미사일을 요격할 때의 문제는 탄환의 속도로, 최소 미사일순항 속도의 1.6배인 시속 4만km 정도가 돼야 한다. 이것은 화약을 터뜨려 나가는 탄환보다 15배 이상 빠른 것이다. 속도 문제는 '플라즈마 레일 건'이라는 것으로 해결한다. 특수 플라스틱에 특수 합금을 얇게 도금해 탄환을 만들고, 여기에 강한 전류를 흘려주면 합금이 순식간에 증발하며 이른바 '플라즈마' 상태가 되는데, 이때 강한 자기장을 걸어주면 플라즈마가 순식간에 가속되면서 플라즈마에 둘러싸인 특수 플라스틱도 엄청난 속도를 얻게 된다.

위성무기를 요격하는 '킬러위성'은 목표위성의 궤도를 찾아가 스스로 폭발해 금속파편을 퍼붓는다. 위성무기는 전자

그림 13. 레이저로 미사일을 요격하는 위성의 상상도

회로의 일부분만 부서져도 기능을 발휘하지 못하므로 이런 방식이 효과적이다. 러시아는 이미 15차례 이상 킬러위성 실험을 했고, 레이저를 이용한 위성요격무기도 개발 중에 있다. 중국 역시 킬러위성의 지상실험을 최근 성공적으로 수행했다.

미국은 2001년 1월에도 슈리버 공군기지에서 우주전쟁 시뮬레이션을 했다. 2017년으로 설정된 이 전쟁게임에서 세계 각국은 우주무기 초강대국(미국·러시아 등), 우주전쟁 수행능력 준보유국(중국·인도 등), 그리고 주변국가로 나뉘어 가상전쟁을 했다.

그러나 한국은 이 가상전쟁에서 주변국가에 머물렀다. 실제 우리의 우주무기체계나 우주시스템기술은 낮은 수준을 벗어나지 못하고 있으며, 최근에 이르러서야 그 중요성을 인식해 연구·개발을 시작했다. 15년 후 우리도 '우주안보' 능력을 갖추려면 이 분야의 연구·개발에 대한 투자가 시급하다.

20년 내 이루어질 '행성으로의 여행'

"안녕하십니까? 저는 이 비행선을 조종해서 승객 여러분을 화성까지 모셔다 드릴 '한국 999호'의 우주비행사 홍길동입니다. 본 999호는 달 기지에서 급유를 위해 일 주일간 정지한 후에 화성까지 연결되는 우주선입니다. 지구에서 화성까지 우수 회원 고객께서 받으실 마일리지는 총 3,400만 마일이며, 총 비행시간은 급작스러운 운석과 같은 우주환경의 변화가 없는 한 9개월 12일로 예정하고 있습니다. 아무쪼록 편안한 여행이 되시기를 바랍니다. 잠시 후 우주선이 안정궤도에 오른 후 기내식이 제공되겠습니다. 감사합니다."

대부분의 과학자들은 이번 세기에 화성으로의 우주여행이 가능할 것이라는 데 의문을 품지 않는다. 다만 논란의 대상은 그것이 "언제 이루어질까?"이다. 인간이 지구궤도를 선회하면서 우주의 신비를 느끼거나, 달나라에서 휴가를 보내는 것은 분명 21세기 초에 실현될 수 있을 것이라 예상된다.

인간의 우주비행이 실현된 이후 다른 세계로의 여행과 그곳에서의 삶에 대한 가능성들이 인간을 흥분시키고 있다. 우주여행에 드는 비용(1인당 1,000만~2,000만 달러)이 이러한 계획의 실행을 늦추고 있지만 21세기에는 신기술과 혁신적인 설계가 이러한 희망을 실현시켜줄 것이라는 희망을 갖게 한다.

우주유영상품 100여 명 예약

향후 10~20년 내에는 일반인들도 간단한 적응훈련을 거친 뒤 1인당 약 10만 달러 정도의 비용으로 고도 100km 이상 우주공간에서 약 일 주일간 체류하다 귀환하는 우주여행을 시작할 것이다. 여기서 여행객들은 무중력을 경험하고 지구가 둥글다는 것과 우주의 특성을 경험할 것이다. 미국의 제그램사는 이미 2002년 7월 우주여행을 목표로 2.5시간 정도 100km 상공에서 우주유영을 체험하는 상품을 내놓았다. 약 100여 명으로부터 예약도 받아 놓은 상태다. 미국 버지니아주 알링톤의 스페이스 어드벤처사도 이와 비슷한 프로그램을 제안하고 있다.

이러한 우주유영은 어떻게 진행될까? 먼저 통상적인 제트기처럼 공항으로부터 이륙하여 '우주순항선'을 고도 15km까지 이동시키고, 바로 이 지점에서 '우주순항선'을 분리하면 시속 3,600km의 속도로 상승해 고도 60km에 다다르게 된다. 이후 계속해서 100km의 고도까지 상승한 순항선이 속도를 줄이면 객실 내의 여행객은 무중력을 경험하게 된다. 객실 내에서 승객들은 슈퍼맨처럼 회전도 하고 날 수도 있다.

실제로 2004년 6월 '스페이스쉽 원(Spaceship One)' 비행체를 이용한 로켓항공기가 개발된 바 있다. 이 로켓항공기는 우주고도로 분류되는 고도 100km 이상까지 마하 3의 속도로 비행하는 시험비행에 성공함으로써 상업용 우주여행의 길을 열었다. 또한 러시아는 소유즈(Soyuz) 우주비행체에 탑승, 국제 우주정거장에 도착하여 1~2주간 머무는 우주여행패키지를 일인당 2천만 달러(약 200억 원)에 판매중이며 2005년 현재 세 번째 우주여행 후보자가 러시아에서 적응훈련 중으로 알려졌다.

21세기의 우주여행

우주여행은 2020년쯤에는 우주정거장처럼 지구 주변을 도는 우주호텔로의 여행으로 발전할 전망이다. 미국의 호텔 버짓 체인의 사장이자 억만장자인 비겔로는 2015년까지 우주에 호텔을 건설하기 위해 5억 달러를 투자하겠다고 공언했다. 그는 50여 명의 종업원과 1백여 명의 손님이 묵을 수 있는 달궤도호텔의 건설계획을 발표하기도 했다.

일본의 시미즈사 역시 고도 4백50km상공에 지름 1백40m의 도너츠 모양 호텔을 2010년까지 건설할 계획을 세웠다. 시미즈사는 약 8조 원을 들여 객실 64개, 레스토랑, 스포츠 스타디움 등을 갖추고 분당 3회전하는 원심력으로 인공중력을 만들 것이라 한다. 이런 인공중력은 여행객들이 둥둥 떠다니지 않고 지구 위처럼 편하게 생활할 수 있게 할 것이다. 1986년부터 2000년까지 운영되었던 러시아의 우주정거장인 미르호나 국제우주정거장(그림 14)의 건설 현황을 보면 이러한 우주호텔은 기술적으로는 현재도 건설이 가능하다.

그림 14. 궤도상의 국제우주정거장

그림 15는 우주선을 이용한 달로의 여행과정을 보여 주는 상상도이다. 현재 건설 중인 국제우주정거장은 이러한 우주여행의 중간기착지로서, 그리고 달과 태양계의 행성들을 여행하기 위한 연구기지 및 훈련기지로서의 역할을 수행할 것이다. 과학자들은 2050~2060년쯤에는 다른 행성의 탐사를 포함한 우주여행을 위해 빛의 속도로 비행할 수 있는 광속우주비행체가 개발될 것으로 예측하고 있다. 이는 다른 행성에 과학적 연구, 자원 활용 및 거주지로의 정착 등을 위한 영구거주시설의 건설을 가능하게 할 것이다.

한국엔 머나먼 우주정거장 사업

미국이 주도적으로 추진 중인 국제우주정거장 건설사업은

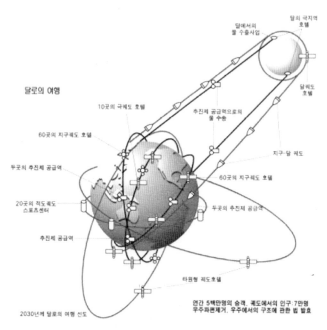

그림 15. 2030년 달로의 여행선도

과학기술 관련 국제협력사업 가운데 최대 규모다. 16개국이 이 사업에 참여하고 있는데 11월은 국제우주정거장에 우주인이 상주한 지 만 5년이 되는 달이다.

미국은 고진공(高眞空), 무중력, 복사환경 등으로 특징지어지는 우주환경을 이용하는 한편 달과 화성 등을 탐사하며 우주여행을 실행하는 중계기지로서 우주정거장을 세웠다. 1984년 로널드 레이건 미국 대통령은 궤도상에서 지속적으로 머물고 우주인이 거주할 수 있는 우주정거장 건설 계획을 세웠다.

그러나 미국 단독으로 엄청난 예산을 감당하면서 건설하는 것은 무리였다. 1992년 미국은 유럽 11개국, 일본, 캐나다, 브라질 그리고 오랜 기간 우주정거장 '미르'를 운영한 경험이 있는 러시아 등 15개국을 끌어들여 본격적인 국제우주정거장 계획을 입안했다. 전체 무게가 약 450t이나 되는 각종 모듈과 자재 운송을 위해 35차례 이상의 우주비행이 필요한데 현재까지 우주왕복선이 17회의 우주비행을 했다. 조립을 완전히 끝내기까지 아직 18회의 추가비행이 남아 있는 것이다.

건설 후 20여 년간 사용될 국제우주정거장에는 평균 7명의 우주인이 장기체류하면서 우주환경이 인체에 미치는 영향과 무중력 상태를 이용한 다양한 실험 및 관측을 수행한다. 예를 들어 중력의 영향을 거의 받지 않는 상태에서 강도는 높으면서 무게는 엄청나게 가벼운 신물질을 만든다든지, 효능이 높은 고순도의 의약품을 제조하는 것이다. 우주탐사선이 머물다 갈 임시정거장으로서, 그리고 추진연료 충전을 위한 정거장으로 활용할 수도 있다. 무엇보다도 인류에게 지구의 한계를 벗어나는 발판을 제공한다는 데 큰 의미가 있다.

우주정거장 건설과 운영에 장밋빛 미래만 기다리는 게 아니다. 우주정거장에서 장기간 머무는 생활은 단기간의 우주비행과는 근본적으로 다르기 때문에 일단 가동 시에는 효율성이 문제가 될 것이다. 또한 1984년 우주정거장 계획 시의 예상건설비용은 약 80억 달러였으나 현재는 국제우주정거장의 건설 및 운용비용이 1000억 달러 이상일 것으로 예상되고 있다. 이는 10배 이상 늘어난 엄청난 비용이다. 더욱이 이 비용의 3분의 2 이상을 미국이 지출해야 할 판이다. 이 때문에 미국에서는 "국제우주정거장은 미국 시민의 세금만 잡아먹는 '우주 블랙홀'에 지나지 않는다"는 혹평도 나오고 있다.

안전성 문제도 있다. 우주정거장 건설은 불안한 궤도변경, 아슬아슬한 우주유영 등 많은 위험 요소를 안고 있기 때문이다. 그래서 우주정거장 건설은 지구궤도 위에서 안전망 없이 고공 줄타기를 하는 것에 비유되기도 한다.

국제우주정거장의 건설완료 목표가 2004년에서 2010년으로 변경됐으나 2003년 컬럼비아호 폭발사고 및 2005년 7월 디스커버리호의 발사 때 발생한 단열타일이탈 문제 등으로 이것도 지켜질지 불투명하다. 이제 남은 3기의 우주왕복선도 노후해 2010년이면 은퇴할 예정이다. 유럽과 일본이 이를 대체할 수 있는 궤도비행선을 개발 중이지만 일정을 지킬 수 있을지 의문이다. 계속 건설이 지연되면 모듈수명의 한계 때문에 우주정거장의 전체적인 수명은 더욱 단축될 것이다.

미국 내에서 국제우주정거장 건설에 대한 반대여론이 있지만 우주선점이라는 매혹적인 특권을 미국이 포기하지는 않을 것이다. 우주정거장 건설은 인류의 우주진출을 위한 도약대로서 꼭 거쳐야만 하는 관문이다. 한 가지 아쉬운 점은 이 사업에 아직 우리나라가 참여하지 못하고 있다는 것이다.

인공위성 21세기의 눈과 귀

펴낸날	초판 1쇄 2005년 12월 27일
	초판 2쇄 2012년 11월 5일

지은이	장영근
펴낸이	심만수
펴낸곳	(주)살림출판사

출판등록 1989년 11월 1일 제9-210호

경기도 파주시 문발동 522-1
전화 031)955-1350 팩스 031)955-1355
기획 · 편집 031)955-4662
http://www.sallimbooks.com
book@sallimbooks.com

ISBN 978-89-522-0466-0 04080